Le S

MW01712527

l'Ami des oiseaux

Texte de David Burnie
Adaptation française : Christophe Rosson

Gründ

UN LIVRE DORLING KINDERSLEY

POUR L'ÉDION ANGLAISE :
Bookwork Ltd :
Suivi éditorial : Louise Pritchard, Annabel Blackledge
Suivi artistique : Jill Plank, Kate Mullins
Dorling Kindersley Ltd :
Création éditoriale : Fran Baines, Carey Scott
Création artistique : Stefan Podhorodecki
Responsable éditoriale : Linda Esposito
Responsable artistique : Jane Thomas
Graphisme de couverture : Chris Drew
Textes de couverture : Adam Powley, Carrie Love
Responsables de publication : Caroline Buckingham, Andrew Macintyre
Direction artistique : Simon Webb
Directeur de la publication : Jonathan Metcalf
Fabrication : Erica Rosen
Iconographie : Anna Bedewell, Sarah Mills
PAO : Natasha Lu
Photographies : Dave King
Crédits photos : 1re de couverture : Ardea/M. Watson (*mouettes*) ; Bruce Coleman Inc/Tom Brakefield (bd) ; DK Images/Kim Taylor (bg) ; Robert Harding Picture Library/Simon Harris/Stock Pix (ciel) ; OSF/Mark Hamblin (bcg) ; Powerstock/age fotostock (c). 4e de couverture : DK Images/Kim Taylor (cg).

POUR L'ÉDITION FRANÇAISE :
Adaptation française : Christophe Rosson
Secrétariat d'édition : Jérémie Salinger
© 2007 Éditions Gründ pour l'édition française
www.grund.fr
© 2005 Dorling Kindersley Limited pour l'édition originale, sous le titre *Birdwatcher*

ISBN 978-2-7000-1625-3
Dépôt légal : mars 2007
PAO : Nord Compo, Villeneuve d'Ascq
Imprimé en Chine
Loi n° 49-956 du 16 juillet 1949 sur les publications destinées à la jeunesse

ATTENTION ! AVERTISSEMENT AUX PARENTS

Certaines activités proposées dans cet ouvrage doivent être effectuées sous le contrôle d'un adulte. Au fil des pages, des symboles indiquent lesquelles. Les encadrés « **Attention** » décrivent les risques encourus et les mesures de précaution à prendre. Veillez à repérer quelles activités nécessitent la présence d'un adulte, et surveillez votre enfant lorsqu'il s'y adonne.

Cette activité doit être effectuée avec l'aide adulte.

Soyez très prudents pour cette activité.

ATTENTION
Encadré mentionnant si l'activité décrite peut être salissante. Suivez les conseils proposés, et n'effectuez l'activité que dans un lieu approprié.

Assurez-vous toujours que votre enfant respecte bien les instructions. L'auteur et l'éditeur ne peuvent être tenus pour responsables de tout accident ou blessure résultant d'un mauvais usage des instructions, ni de toute perte ou de tout dommage qui résulterait d'une activité proposée dans cet ouvrage.

Sommaire

Prudence !
Respecte les animaux sauvages ; ne perturbe pas leur environnement.

ATTENTION, LES ENFANTS !
RECOMMANDATIONS À LIRE ABSOLUMENT AVANT D'ENTREPRENDRE TOUTE ACTIVITÉ

1 Préviens un adulte avant de débuter une activité de ce livre : tu ne dois pas la réaliser sans le contrôle d'un adulte.

2 Fais attention aux symboles ci-dessous.

Sois très prudent avec cette activité.

Fais-toi aider par un adulte pour cette activité.

3 Lis les encadrés « Attention » qui t'informent sur les activités et t'indiquent lesquelles sont très salissantes et doivent être réalisées dans un lieu approprié.

4 Suis les instructions à la lettre.

L'univers des oiseaux

Les oiseaux comptent parmi les animaux les plus appréciés au monde. Qui n'aime pas les voir voler dans le ciel ou admirer leurs belles plumes colorées quand ils évoluent au sol ? On en rencontre absolument partout : depuis les montagnes et les côtes jusqu'aux jardins et au cœur des grandes villes. Voici ce qu'il faut savoir sur les oiseaux, et la place qu'ils occupent dans le monde animal.

Longues plumes de vol pour donner une poussée.

Plumage chaud, imperméable et très léger.

La forme de son corps permet à l'oiseau de mieux fendre l'air.

Décollage !

Les oiseaux sont les seuls êtres dotés de plumes. Chez eux, les bras sont remplacés par des ailes (bien que tous les oiseaux ne sachent pas voler). Leurs pattes, couvertes d'écailles, se terminent par des griffes. La forme de leur bec, qui fait office de bouche et de dents, varie en fonction des aliments consommés.

Les petits réclament à manger dès qu'un parent approche.

Histoire d'œufs

Les oiseaux pondent des œufs pour se reproduire. Les mères n'ont donc pas à transporter leurs petits partout avec elles. Certains oisillons se nourrissent tout seuls sitôt sortis de l'œuf ; d'autres, comme les oiseaux chanteurs, ont besoin de leurs parents. Ci-contre, un couple de geais nourrissant ses petits.

L'ORNITHOLOGIE

Les ornithologues sont des personnes dont le métier est d'étudier les oiseaux, leur mode de vie et leur habitat, à travers le monde. Bien souvent, ils s'occupent aussi de leur protection. Les ornithologues amateurs, eux, observent les oiseaux pour leur simple plaisir : certains ont réussi à en distinguer plus de 6 000 espèces différentes.

◀ **À bonne distance**
Les ornithologues utilisent des télescopes et des jumelles pour ne pas effrayer les oiseaux.

Domestication

Animaux craintifs, les oiseaux s'enfuient si on les dérange. Cela dit, avec un peu de patience, on peut les apprivoiser, afin de les observer de près, et de mieux étudier leur comportement. Pour amadouer un rouge-gorge, installe-toi tous les jours au même endroit, et offre-lui à manger.

Équipement de base

On peut observer les oiseaux à peu près partout, pendant quelques minutes ou plusieurs heures. Il convient malgré tout d'emporter avec soi l'équipement nécessaire : une paire de jumelles, un carnet, un stylo, ainsi qu'un guide des espèces. Si tu prévois d'effectuer une longue sortie, pense à prendre des boîtes en plastique dans lesquelles tu rapporteras tout ce que tu auras trouvé d'intéressant.

RÈGLES À SUIVRE

Voici quatre règles qu'un ornithologue amateur doit respecter lorsqu'il part observer des oiseaux :

- Ne pas déranger les oiseaux qu'on observe.
- Ne pas trop s'approcher.
- Ne pas approcher les oiseaux qui couvent ou s'occupent de leurs petits.
- Laisser les oisillons tranquilles : leurs parents ne sont sans doute pas très loin.

TON PAQUETAGE

Avec une paire de jumelles, tu pourras étudier les oiseaux de loin, sans les déranger. Emporte également une pince fine, des boîtes et une loupe : tu pourras examiner tes découvertes, et les rapporter chez toi.

Jumelles ▶ Choisis un modèle plutôt petit et léger, qui grossit entre 8 et 40 fois.

Pince fine *De préférence à bouts pointus.* *Pour rapporter des plumes.*

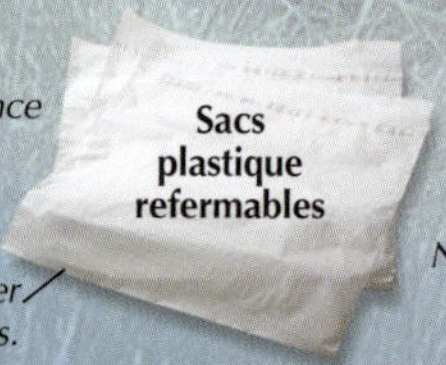

Sacs plastique refermables

Loupe *Ne pas salir.*

Petite boîte en plastique avec couvercle *Pour les os et les pelotes.*

L'IDENTIFICATION

Les premières fois, tu n'arriveras pas forcément à distinguer tous les oiseaux. Ne te décourage pas : apprends plutôt à observer les points qui permettent de les différencier. Pour t'aider, lis les descriptifs ci-dessous, et reporte-toi au guide des espèces.

◄ **Goéland argenté**
Il n'est pas facile de distinguer les différentes espèces de goélands. Le goéland argenté a un bec jaune avec une tache rouge, et des ailes grises à bout noir.

- Oiseaux à pattes longues et bec très long : Hérons et cigognes.
- Oiseaux aquatiques à bec aplati : canards, oies et cygnes
- Prédateurs diurnes à serres : oiseaux de proie
- Prédateurs nocturnes à serres : chouettes
- Oiseaux du bord de mer à bec pointu : mouettes et sternes
- Oiseaux à bec crochu et plumage coloré : perroquets
- Petits oiseaux qui volettent devant les fleurs : colibris
- Oiseaux qui se posent contre les troncs d'arbres : pics
- Petits oiseaux au chant mélodieux : oiseaux chanteurs

Sur le terrain
Au printemps, les oiseaux marins viennent se reproduire sur les côtes. C'est le moment idéal pour les observer. Si tu t'intéresses aux oiseaux de proie, il faudra te rendre sur une colline ou à la campagne.

À l'affût

Les oiseaux sont très sensibles au mouvement : un rien les fait fuir. Mais, contrairement à l'homme, ils ne prêtent guère attention à ce qui ne bouge pas. Si tu les observes depuis un abri portatif, ils oublieront vite ta présence. De nombreux parcs proposent des abris dans lesquels les visiteurs peuvent étudier les oiseaux. Toi aussi, tu peux te construire un abri portatif, avec quelques cannes et un filet. Facile à monter et démonter, il t'accompagnera dans toutes tes sorties.

CE QU'IL TE FAUT

- 4 cannes solides (1,50 m-2 m)
- 3 à 4 mètres de filet en plastique
- 1 balle de corde résistante
- Petites branches feuillues (à prendre sur le lieu d'observation)

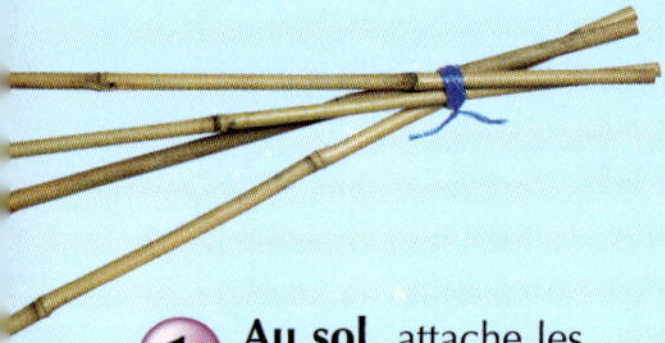

1 Au sol, attache les cannes entre elles, à environ 25 cm d'une extrémité.

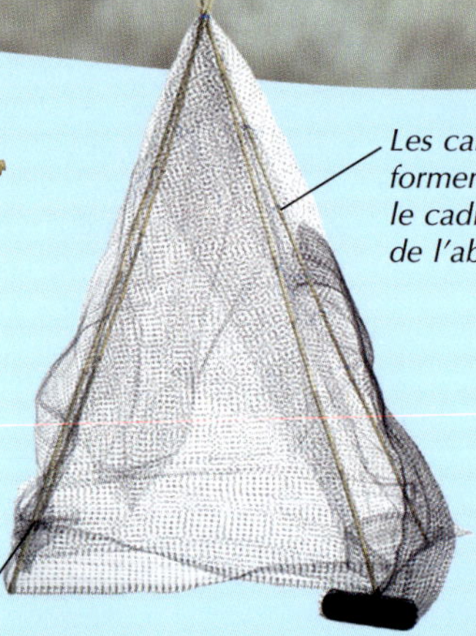

Les cannes forment le cadre de l'abri.

Place le filet sur les cannes.

2 Mets-les debout, écarte-les pour leur donner la forme d'une tente, puis dispose le filet par-dessus, en laissant un espace libre entre deux cannes pour faire l'entrée.

Quand tu démontes ton abri, retire les branchages mais laisse le filet en place.

3 Camoufle ton abri à l'aide de petites branches feuillues. Veille à laisser l'entrée libre pour faciliter tes déplacements.

ATTENTION

Chut ! Les oiseaux ont l'ouïe très fine. Si tu les observes depuis ton abri, attention à ne pas ouvrir un sachet de bonbons... tu les ferais fuir.

FAÇON DE VOIR

L'homme n'a qu'une vision partielle de ce qui l'entoure – pour voir le reste, il doit tourner la tête. La plupart des oiseaux ont des yeux qui regardent de côté : leur champ de vision s'en trouve élargi, et ils sont plus difficiles à surprendre. De plus, leur vue étant meilleure que la nôtre, ils peuvent repérer de petits insectes dans les feuilles et les herbes.

◄ **Le coup d'œil** Les yeux du faisan font près de la moitié de son crâne et sont situés sur les côtés.

4 Ton abri est prêt. Il te permettra d'observer les oiseaux en toute tranquillité, de les prendre en photo ou encore de les dessiner sur un carnet pour les identifier par la suite.

Quels aliments ?

Quand il s'agit de manger, tous les oiseaux ne se tournent pas vers les mêmes aliments. Certains ne jurent que par les graines et les fruits et ne toucheront jamais un insecte ou un ver. D'autres, au contraire, se régalent de tout ce qui rampe, mais ignorent les végétaux. Pour découvrir ce dont raffolent les oiseaux de ton quartier, rien de plus simple : prépare-leur un buffet. Dispose plusieurs bols contenant diverses sortes d'aliments, et tu verras vite quels oiseaux mangent quelles nourritures.

CE QU'IL TE FAUT

- 6 bols identiques
- Vers de farine
- Chapelure
- Graines de tournesol
- Avoine (préalablement trempée dans de l'eau)
- Fruits mous
- Graisse animale (gras de jambon)

Installe les bols hors de portée des prédateurs (chats).

Friand de graines, ce pinson se nourrit aussi de céréales, voire de graisse animale.

Les magasins d'articles de pêche vendent des vers de farine.

1 **Choisis un emplacement dégagé,** loin des buissons et à l'écart des arbres.

2 **Dispose les bols** les uns à côté des autres, chacun rempli d'un aliment différent. Ensuite, observe les oiseaux depuis chez toi ou depuis ton abri.

ATTENTION

N'oublie pas de faire le ménage à la fin de la journée : les aliments risqueraient d'attirer des souris ou des rats...

À QUELLE HAUTEUR ?

Tous les oiseaux ne prennent pas leurs repas de la même façon. Les grives et les étourneaux s'installent par terre, tandis que d'autres espèces préfèrent déjeuner dans un buisson ou sur un arbre. Ceux-là viendront se servir à ton buffet, puis iront se percher ailleurs pour manger. D'autres encore (martinets et hirondelles) n'accepteront jamais ce que tu leur offres, car ils se nourrissent uniquement d'insectes pris au vol.

En plein vol ▲
L'hirondelle se nourrit d'insectes qu'elle attrape en plein vol. À la saison des amours, les adultes prennent ainsi des insectes dans leur bec qu'ils rapportent ensuite à leur nid.

ASTUCE

Propose un biscuit de graines aux oiseaux : ils seront bien obligés de le manger sur place.

Chacun son bec

La forme du bec d'un oiseau indique souvent le type d'aliments qu'il consomme. Certains font office de pincettes, d'autres de tenailles ou bien de paille. Les oiseaux utilisent également leur bec pour lisser leurs plumes ou ramasser des brindilles afin de faire leur nid.

Insectivore ▲
Le bec mince du roitelet lui permet d'extirper insectes et petits animaux des crevasses.

Pour le nectar ▶
Le colibri utilise son bec comme une paille, et aspire le nectar des fleurs.

Carnivore ▲
La chouette se sert de son bec crochu pour dépecer les petits animaux qu'elle a saisis dans ses serres.

Pour les graines ▶
Le bec du chardonneret, très pointu, solide sur les bords, est parfait pour casser des graines.

Les mangeoires

Une mangeoire te permettra d'observer des oiseaux qui se nourrissent au sol. En quelques minutes, toutes sortes d'espèces viendront se servir ! Et ce, tout au long de l'année. Un bout de ficelle suffit parfois à installer certains aliments. Pour les graines, une mangeoire spéciale s'avère nécessaire, afin que les oiseaux puissent se percher. Essaye de réaliser le modèle ci-dessous à l'aide d'une bouteille vide en plastique.

Une demi-noix de coco

1 Perce le bas de la bouteille, de part en part, avec un crayon. Quand tu enfonces ton crayon, ne le pointe pas contre ton corps.

2 Répète l'opération avec un autre crayon, de sorte que les deux soient à angle droit. Tu disposes à présent de quatre perchoirs.

3 À l'aide d'un crayon bien taillé, pratique quatre trous à proximité de chaque perchoir. Veille à ce que les graines puissent sortir.

4 Au moyen d'un entonnoir (ou d'un cône en papier), remplis la bouteille de graines. Referme le bouchon.

5 Suspends la bouteille à une branche basse, grâce à une ficelle enroulée autour du goulot, reliée à la branche.

CE QU'IL TE FAUT

- Bouteille en plastique avec bouchon à vis
- Crayons 2 fois plus longs que le diamètre de la bouteille
- Entonnoir (plastique ou papier)
- Ficelle
- Graines pour oiseaux

Fais-toi aider par un adulte pour percer la bouteille.

Au bout du fil

De nombreux types d'aliments peuvent être suspendus sans qu'une mangeoire soit nécessaire. Les noix de coco, par exemple, très riches en huiles nourrissantes. Les cacahuètes, également – entières ou en filet. Évite les cacahuètes salées : certains oiseaux les supportent mal.

Cacahuètes entières

Filet de cacahuètes

Les mangeoires suspendues attirent les petits oiseaux (ici, une mésange bleue).

TROMPE L'ŒIL

Fais-lui une fleur ▲

Certains oiseaux se nourrissent du nectar des fleurs : le colibri en Amérique du Nord, le souimanga en Afrique et en Asie, ou le perroquet en Australie. Pour attirer un colibri, il suffit de mettre à sa disposition un abreuvoir rempli d'eau sucrée.

CE QU'IL TE FAUT

- Contreplaqué étanche :
- 30 x 40 x 15 mm pour le plateau
- 1,5 m x 1 cm^2 découpé en 4 bandes (2 de 40 cm, 2 de 26 cm) pour le rebord
- 50 cm x 4 cm^2 pour le support du pied
- 1,5 m x 4 cm^2 pour le pied
- Clous de 20 mm
- Vis de 55 mm
- Mètre à ruban
- Crayon
- Scie
- Marteau
- Perceuse électrique

L'aide d'un adulte est indispensable pour le maniement des outils dangereux.

Une mangeoire plateau

Rien de tel qu'une mangeoire plateau pour attirer les oiseaux et les regarder manger. Tu en trouveras dans le commerce, mais tu peux aussi en fabriquer une, avec l'aide d'un adulte. Le modèle présenté ici est aussi simple à réaliser que facile à utiliser pour les oiseaux. Le plateau repose sur un pied fixé au sol. Un rebord empêche les aliments de tomber, tout en laissant l'eau de pluie s'écouler par de petits espaces.

1 Fixe le rebord en clouant les quatre bandes le long du plateau. Ménage des espaces entre elles, pour l'évacuation de l'eau de pluie.

2 Coupe 4 morceaux de bois pour fixer le pied sur son support. Perce chacun d'eux et visse-les au support. Cet élément aidera le pied à tenir bien droit.

3 Scie une extrémité du pied en forme de coin. Enfonce l'autre dans le support. Assure-toi qu'il est bien fixé.

QUAND VIENT L'HIVER

Si, chez toi, les hivers sont rigoureux, pense à nourrir les oiseaux. En effet, s'ils ne mangent pas assez pour entretenir leur chaleur corporelle, ils peuvent mourir de froid la nuit. N'oublie pas non plus de leur offrir à boire, car ils courent le risque de se déshydrater si les mares et les flaques sont gelées.

Rouge-gorge dans la neige ▲ La neige empêche les oiseaux de trouver à manger sur le sol.

À TABLE

Une fois ta mangeoire plateau installée, n'y dispose pas de la nourriture en trop grande quantité. Choisis, plutôt, de petites portions d'aliments variés. Nettoie le plateau au moins une fois par semaine. Propose, de préférence, des aliments émincés ou coupés en petits morceaux. Ainsi, les grands oiseaux ne pourront pas emporter pour eux seuls de grosses quantités.

À la carte ▲
Qu'offrir sur ta mangeoire plateau ? Pain, biscuits, céréales, fromage et gras. Les aliments pour animaux sont à essayer en très petites quantités.

Sur une mangeoire plateau, les oiseaux sont en sécurité, ils peuvent surveiller les environs.

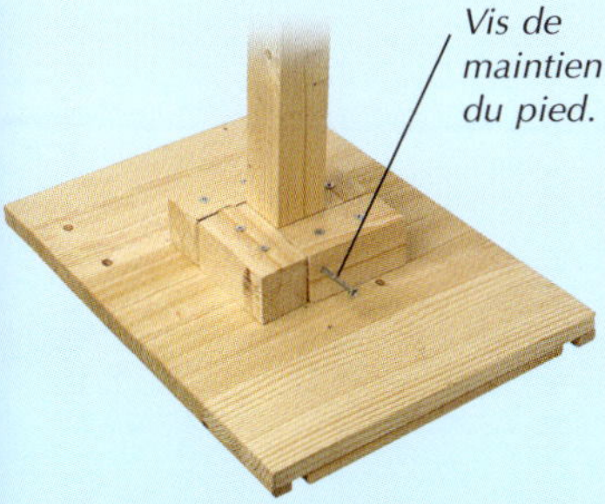

Vis de maintien du pied.

ATTENTION

Les oiseaux sont porteurs de germes. Lave-toi les mains après avoir déposé de la nourriture ou nettoyé le plateau.

4 **Visse le pied** à son socle au moyen de vis insérées par les côtés du pied. Vérifie que l'ensemble est bien stable, et qu'il ne bouge pas.

5 **Installe ta mangeoire plateau** à l'endroit le mieux indiqué, puis fixe le plateau en enfonçant le pied en coin dans le sol.

Côté jardin

Si tes parents disposent d'un jardin, et si tu cultives pour les oiseaux, ceux-ci viendront y manger, et peut-être y nicher. Commence par les tournesols. Quand ils sont fanés, ne les coupe pas, afin que les oiseaux puissent venir se nourrir de leurs graines. Ces derniers sont également friands des graines du chardon et d'autres mauvaises herbes. Laisse donc un coin de jardin à l'abandon : il deviendra le paradis des oiseaux !

CE QU'IL TE FAUT

- Graines de tournesol
- Petits pots de fleurs
- Compost
- Déplantoir

3 Quand les plantes ont fleuri, ne les coupe pas, laisse mûrir les graines. À l'automne et en hiver, pinsons et autres oiseaux viendront s'y percher pour se nourrir.

1 Au printemps, sème les graines de tournesol. Si la terre est chaude, sème directement dedans, en creusant un trou d'environ 5 cm de profondeur. Si la terre est froide, sème les graines dans des pots, en utilisant du compost.

2 Quand les graines commencent à pousser, après 2 semaines environ, éclaircis-les afin de les espacer d'à peu près 50 cm. Si tu les as semées dans des pots, repique-les en terre.

ASTUCE

Fais pousser les plantes qui intéressent les oiseaux dans la nature...

Chaque tournesol produit des centaines de graines.

Chardonneret jaune becquetant un tournesol.

FLEURS DES CHAMPS

Cauchemars des jardiniers, les mauvaises herbes font le régal des oiseaux. Ils y trouvent les insectes dont ils se délectent, ainsi que des graines très nourrissantes. Pour inciter les oiseaux à visiter ton jardin, sème un mélange de graines de fleurs des champs. Et si tu laisses une parcelle de terre en friche, tu verras peut-être quelques oiseaux y élire domicile…

Le chardon ▶
Le chardon conserve ses graines plusieurs semaines, et les oiseaux viennent souvent s'y nourrir. Ce chardonneret élégant s'apprête à passer à table.

Le rôle des arbres

Les arbres fournissent aux oiseaux un endroit où se percher et faire leur nid. Ils produisent aussi des baies et d'autres aliments. Si tu plantes dans ton jardin le type d'arbres qui se trouve près de chez toi, les oiseaux sauront vite quel parti en tirer.

Geai bleu ▲
Les geais aiment les glands. Ils en font même provision pour l'hiver en les enterrant.

Merle noir ▲
À l'automne, les merles se gavent de baies – surtout celles du sureau et du sorbier des oiseleurs.

Loriquet ▶
Ces perroquets se nourrissent de nectar et de pollen. En Australie, les eucalyptus en fleur attirent ainsi les loriquets par nuées.

Rituels alimentaires

Dans la nature, les oiseaux laissent souvent des traces de leurs repas. Ceux qui picorent des graines ou des fruits, ceux qui savent ouvrir les noix ou les pommes de pin, mais aussi ceux qui sont experts dans l'art de briser les coquilles d'escargot ou de déloger les vers. En t'y prenant bien, tu peux découvrir l'endroit où les oiseaux ont mangé. Et avec un peu de chance, tu dénicheras peut-être les garde-manger que certaines espèces garnissent en prévision de temps plus durs.

Écailles éparses
Ce bec-croisé retire des graines d'une pomme de pin. Son bec lui sert de ciseaux : il extrait les graines, puis laisse tomber les écailles. Ces oiseaux se nourrissent en groupe : on trouve beaucoup d'écailles sur leur lieu de déjeuner.

OÙ CHERCHER ?

- Pommes de pin et noix picorées : bois, haies, parcs
- Garde-manger : haies d'épineux, barbelés
- Coquilles cassées : rochers plats sur le littoral, lieux rocailleux dans les terres
- Trous de pics : bois, parcs, jardins

Brochettes d'insectes
À la campagne, on trouve parfois des insectes ou de petits lézards empalés sur des barbelés ou des épines. C'est l'œuvre des pies-grièches : leurs proies sont ainsi plus faciles à manger, et elles peuvent aussi les entreposer là pour plus tard.

« Enclume » en pierre pour casser les coquilles.

Les casseurs
Les oiseaux se nourrissant de crabes, de moules ou d'escargots doivent briser leur coquille. Pour ce faire, certains les lâchent d'une grande hauteur. Cette grive, elle, fracasse la coquille de l'escargot contre un caillou.

Garde-manger
Certains oiseaux se constituent des garde-manger, en prévision de temps où la nourriture sera plus rare. Ainsi le geai enterre-t-il des centaines de glands pendant l'automne. L'hiver venu, il les déterre pour s'en nourrir.

Effraction du tronc
Les pics percent les troncs d'arbres afin d'en extraire les vers. On repère ceux qu'ils ont explorés en cherchant les parties pourries constellées de coups de bec. Là, le sol doit être couvert de fine sciure. Les grands pics visitent même les nids d'autres oiseaux, pour manger leurs œufs ou leurs petits.

ENTRETIEN DU BEC

Lorsqu'un oiseau a fini de manger, il va se percher sur un arbre, où il se nettoie le bec. Contrairement aux mammifères, les oiseaux ne peuvent pas se lécher. Ils doivent s'essuyer le bec à une branche. Le bec, formé d'une base osseuse, est constitué pour l'essentiel de la même substance que les sabots du cheval ou nos ongles. Cette partie pousse sans cesse, si bien que le bec ne s'use jamais en plein.

Hygiène ▶
Ce corbeau se nettoie le bec après avoir mangé. Perché sur une branche, il essuie successivement chaque côté. Quand un oiseau se nettoie le bec, on entend parfois retentir un son creux.

Pelotes de réjection

Les oiseaux n'ayant pas de dents, ils ne peuvent pas mâcher leur nourriture. La plupart d'entre eux la gobent. Ils recrachent ensuite des pelotes contenant des plumes, des os et d'autres morceaux durs de leurs proies. Contrairement aux fientes, ces pelotes sont en général dures. On peut les manipuler sans risques, et elles sont fascinantes à étudier. En effet, on peut y trouver les restes du repas d'un oiseau.

CE QU'IL TE FAUT

- Pelotes de réjection
- Pince fine en plastique
- Bocal avec couvercle à vis
- Passoire
- Liquide vaisselle

ATTENTION

Si tu pars chercher des pelotes dans une vieille maison, fais-toi accompagner par un adulte. L'examen terminé, jette les pelotes, et lave-toi les mains.

1 **Dépose** 1 ou 2 pelotes dans un bocal. Remplis-le d'eau et verses-y une goutte de liquide vaisselle. Referme le bocal et agite-le bien.

2 **Laisse reposer** 10 minutes, puis agite de nouveau. Ouvre le bocal et verse son contenu dans une passoire.

3 **Retire les restes** à l'aide d'une pince fine. Examine-les avec attention pour découvrir précisément ce qu'avait mangé l'oiseau.

PERCHOIRS

Les prédateurs (chouettes ou martins-pêcheurs) aiment se poster sur un perchoir spécifique, qu'ils regagnent une fois leur proie attrapée. Il s'agit souvent d'arbres morts ou de poteaux. On y trouvera beaucoup de pelotes.

◄ **Le martin-pêcheur**
En général, le martin-pêcheur se perche sur des branches basses, près de l'eau.

OÙ TROUVER DES PELOTES ?

Toutes sortes d'oiseaux recrachent des pelotes. D'aspects divers, elles peuvent se trouver en différents endroits. La chouette recrache les siennes dans les vieilles granges ou les bâtiments en ruine ; les échassiers dans la boue des rivages ; les mouettes sur les littoraux plats et rocailleux. Le corbeau, lui, recrache ses pelotes à peu près n'importe où.

Chacun les siennes ▶
Ci-contre, trois oiseaux et leurs pelotes (échelle non respectée). Celles du corbeau contiennent souvent de petits points noirs brillants : les élytres des coléoptères.

Crâne de campagnol, extrait d'une pelote de chouette.

À la trace

Lorsqu'ils marchent dans la boue, les oiseaux y laissent leurs empreintes. Apprends à déchiffrer ces traces, et tu sauras à qui elles appartiennent. Tu pourras notamment distinguer les oiseaux qui sautillent de ceux qui marchent. Mais, dépêche-toi : les empreintes s'effacent vite. Tu peux les photographier, mais il sera bien plus amusant d'en faire des moulages !

CE QU'IL TE FAUT

- Bande de carton fin (environ 25 cm^2)
- Gourde
- Bol pour mélanger le plâtre
- Trombones
- Plâtre à mouler
- Ciseaux
- Cuillère
- Eau
- Pinceau

1 Choisis une belle empreinte dans une boue humide mais ferme (appuie dessus : le creux doit rester au sec). À l'aide du pinceau, retire délicatement tout débris gênant.

2 Dispose ton carton en cercle que tu fermeras avec les trombones. Installe-le autour de l'empreinte. Enfonce-le dans la boue afin qu'il n'y ait pas de fuite possible par le bord.

3 Prépare un plâtre (poudre de plâtre et eau) pas trop épais. Verses-en dans le cercle. Attends 15 minutes, le temps qu'il prenne.

COMMENT MARCHENT-ILS ?

En général, les petits oiseaux se déplacent en sautillant, les grands en marchant ou en courant. Cette différence se traduit dans leurs empreintes. Celles des petits vont par paires. Celles des grands suivent une ligne d'empreintes uniques. Les traces des premiers sont parfois difficiles à repérer, car ces oiseaux sont légers. Les autres, plus gros, laissent des empreintes nettes.

Le héron ▶
Le héron se déplace lentement dans de la boue souple : ses traces sont bien visibles.

Ces deux canards laissent leurs empreintes dans la boue.

L'empreinte apparaîtra en surimpression dans le plâtre.

4 **Retire l'ensemble** plâtre et coffrage. Laisse reposer 24 heures, puis défais le coffrage. Nettoie l'empreinte s'il reste de la boue.

Mène l'enquête !

L'empreinte d'un oiseau en dit beaucoup sur l'espèce qui l'a laissée. La plupart des oiseaux ont 4 doigts, mais certains ne marchent que sur 3. Ceux des oiseaux aquatiques sont les seuls à être palmés. Voici 4 types d'empreintes :

Oiseau chanteur ▶
Les espèces de type oiseau chanteur possèdent quatre doigts minces, dont un dirigé vers l'arrière. Ces individus-là sautillent.

◀ **Pigeon**
Empreinte plus grande que la précédente, doigts plus épais.

Canard ou Mouette ▲
Les doigts de devant du canard sont palmés, celui de derrière, très court. Il laisse des traces déformées car ses pieds pivotent quand il marche.

Poule d'eau ▲
Les doigts de la poule d'eau, non palmés, sont très longs. Ceux de la foulque laissent une trace plus marquée, car ils comportent des lobes.

Les plumes

On n'imagine pas à quel point les plumes sont indispensables à l'oiseau. Il les utilise aussi bien pour voler que pour se réchauffer et rester au sec. Elles lui servent aussi à nager... et à se pavaner (surtout pendant la saison des amours, quand les mâles doivent attirer une partenaire). On comprend donc qu'ils les entretiennent avec soin, car ils en ont besoin toute l'année.

Oiseaux sur l'eau
Revenant de la pêche, ce cormoran fait sécher ses ailes. Son plumage n'étant pas entièrement imperméable, il n'immerge jamais totalement son corps. D'autres oiseaux aquatiques, au plumage riche en huile imperméable, peuvent flotter sur l'eau comme des bateaux.

BIEN AU SEC

Même sous la pluie, la plupart des oiseaux restent au sec, car leurs plumes sont couvertes d'une huile imperméable. Fais-en l'expérience : tiens une plume de vol à plat et fais couler de l'eau dessus. L'eau ruissellera sur la plume sans la mouiller.

Ce perroquet lisse les plumes de son voisin à un endroit que celui-ci ne peut atteindre.

Une petite beauté

Leurs plumes étant mises à rude épreuve, les oiseaux doivent en prendre grand soin. Pour les lisser, ils utilisent leur bec comme un peigne et retirent les petits débris qui se détachent. Ce travail terminé, ils se secouent vigoureusement pour ébouriffer leurs plumes, puis les remettent en place.

Plumes des ailes déployées pour mieux sécher.

LISSER UNE PLUME

Barbes « décrochetées ».

Barbes « crochetées ».

La partie plate de la plume est faite de barbes reliées entre elles par des barbules (crochets) qui rendent l'ensemble homogène et assurent à la plume une surface lisse. S'il s'agite trop, un oiseau peut « décrocheter » ses barbes. Il doit alors se lisser les plumes, afin de remettre de l'ordre dans cette pagaille.

◄ **Deux mouvements**
Pour « décrocheter » la plume, fais-la passer entre tes doigts, en allant vers la base. Pour la lisser, effectue le mouvement en sens inverse.

Des plumes pour voler

Parmi les milliers de plumes qu'il possède, les plumes de vol (sur les ailes et la queue) sont les plus importantes pour l'oiseau. Résistantes et légères, elles lui permettent de se soulever, puis de se diriger dans le ciel. Tu trouveras facilement des plumes de vol, car les oiseaux muent au moins une fois par an, et remplacent à cette occasion leurs plumes usées. N'hésite pas à les collectionner afin de les étudier : elles ont beaucoup à t'apprendre !

COLLECTIONNE LES PLUMES !

Tu trouveras des plumes sous les arbres, près des lacs et des points d'eau, ainsi qu'en bord de mer. N'oublie jamais de te laver les mains après les avoir manipulées. Pour les conserver, glisse-les dans un carton ondulé. Tu peux aussi les coller sur les pages d'un cahier ou les stocker dans une boîte.

◄ Bien rangées
N'expose pas trop les plumes à la lumière du jour, qui pourrait les décolorer peu à peu.

Plume de vol de l'ara

Différentes sortes

Les oiseaux possèdent 4 types de plumes. Celles de vol (sur les ailes et la queue, à côté des rectrices) permettent à l'oiseau de rester en l'air et de changer de direction. Les plumes du corps donnent sa forme à l'animal et l'aident à fendre l'air. En dessous, se trouve le duvet qui le réchauffe.

Plumes de vol ▲
Elles sont pourvues d'un tuyau résistant situé près de l'avant de la plume.

Duvet ►
Dotées d'un petit tuyau, elles sont douces et duveteuses. Elles capturent l'air près du corps.

Fines franges étouffant le bruit des ailes quand la chouette chasse.

En sourdine

Les plumes de vol de la chouette présentent la particularité de posséder des franges le long de leur partie avant. Grâce à ces franges, qui agissent comme un silencieux, la chouette fond sur sa proie en silence, et la saisit par surprise.

La mue

À la fin de l'été, tu remarqueras que certains oiseaux ont moins de plumes sur les ailes : ils muent. Ils remplacent leurs plumes de vol usées par de nouvelles. L'opération est progressive, afin de ne pas clouer l'oiseau au sol.

Rectrice de pie

Rectrice de faisan

◄ Plumes de corps
Douces et duveteuses à la base, elles sont plus lisses au bout, et donnent sa silhouette à l'oiseau.

Rectrices ▲
Elles se distinguent des plumes des ailes par leur tuyau qui les coupe en leur milieu, et non sur le côté.

En plein ciel

De nombreux oiseaux sont capables de parcourir des milliers de kilomètres en volant. On peut tout à fait reconnaître un oiseau, même de loin, à son allure ou à sa façon de battre des ailes. Les oiseaux de proie s'élèvent haut dans le ciel en étendant leurs ailes. D'autres oiseaux foncent en ligne droite ou en suivant des courbes gracieuses. D'autres encore, battent des ailes par à-coups, ce qui donne à leur vol le mouvement d'un bateau sur la mer.

Vol stationnaire
Ce colibri butine une fleur en vol stationnaire. Ses ailes battent plus de 50 fois par seconde (un record chez les oiseaux). Mis à part les colibris et les crécerelles, aucun oiseau ne tient aussi longtemps en vol stationnaire.

Véritable gouvernail, la queue de cet oiseau l'aide à s'élever dans les airs.

Ascension
Ses ailes bien déployées, cette buse de Harris s'élève dans le ciel grâce à un courant ascendant (colonne d'air chaud). Ainsi, l'animal n'a pratiquement pas à battre des ailes, puisque c'est l'air qui fait l'essentiel du travail.

GARE AUX CHOCS !

Prévention ▶
Pour éviter que des oiseaux ne se cognent à ta fenêtre, colles-y une tête de chouette dessinée. La plupart des oiseaux n'aiment pas ces prédateurs : ils voudront s'en éloigner.

En principe, les oiseaux n'ont aucun problème pour se déplacer dans les airs en évitant les bâtiments. Mais parfois, s'ils aperçoivent le jour à travers une fenêtre, ils s'imaginent pouvoir la traverser, et viennent mourir en s'écrasant contre la paroi vitrée.

Techniques de vol

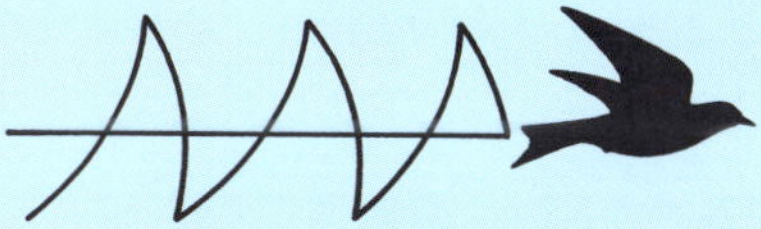

Pigeons et colombes ▲
Leur vol est en général rectiligne ; ils battent des ailes en continu. Pigeons et colombes volent vite, souvent en groupe, notamment l'hiver.

Pinsons ▲
Les pinsons battant des ailes par à-coups, leur vol suit une trajectoire ondulée. Souvent, ils décollent, franchissent une courte distance, puis se posent à nouveau.

Martinets ▲
Les martinets ne délaissent l'altitude qu'à la saison des amours. Ils décrivent vrilles et virages à vive allure quelques secondes avant de se laisser planer.

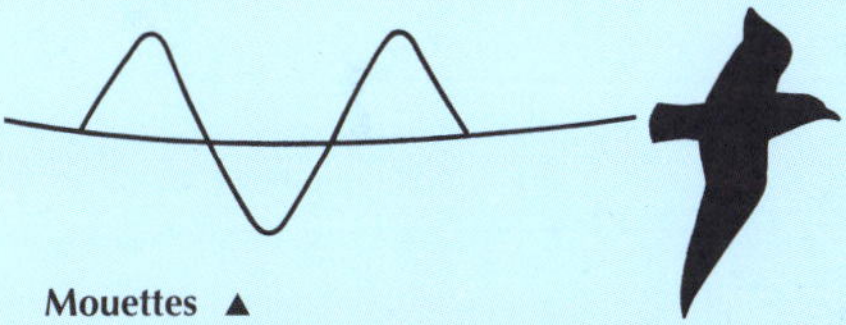

Mouettes ▲
Les mouettes savent très bien planer. En principe, leur vol suit de douces courbes, mais ces oiseaux peuvent aussi se laisser porter par les brises de mer.

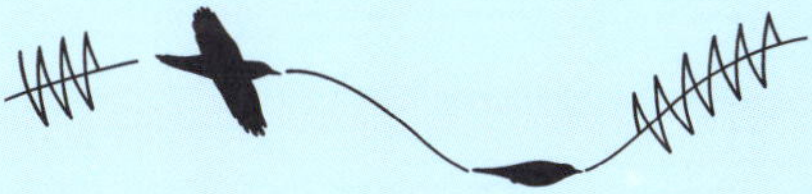

Pics ▲
Les pics se reconnaissent à leur vol « sinusoïdal » : ils battent des ailes frénétiquement, puis les rabattent une seconde ou plus.

L'heure du bain

Le bain permet aux oiseaux d'entretenir leur plumage. S'il leur arrive de se baigner dans de la poussière, ils aiment aussi faire trempette, à condition de ne pas s'immerger trop longtemps. Sinon, ils auraient du mal à s'enfuir en cas de danger. Pourquoi ne pas leur fabriquer une baignoire ? Tu n'as besoin que d'un couvercle de poubelle et de quelques briques. Tu pourras ensuite regarder les oiseaux se baigner et lisser leurs plumes.

CE QU'IL TE FAUT

- Couvercle de poubelle (métal ou plastique)
- Cailloux et graviers
- 3 briques ou morceaux de bois
- Eau

1 Dans un endroit dégagé, sur de l'herbe ou de la terre, dispose les briques en triangle.

2 Pose le couvercle, retourné, sur les briques, en veillant à ce qu'il soit stable. Dépose les graviers dans le creux du couvercle.

3 Verse de l'eau froide dans cette baignoire, jusqu'à 2 centimètres du bord.

Nettoie la baignoire et change l'eau régulièrement.

4 Observe le bain des oiseaux depuis ta chambre ou ton abri portatif. Si tu possèdes des jumelles, règle-les afin d'être toujours prêt à regarder les oiseaux.

BAIN DE POUSSIÈRE

Par temps sec, les oiseaux aiment prendre un bain de poussière. Accroupis par terre, ils agitent leurs ailes afin que la poussière leur nettoie les plumes et la peau, à la manière du talc. Poules, grouses, perdrix et autres gibiers préféreront ainsi toujours prendre leur bain dans de la poussière plutôt que dans de l'eau.

◄ **C'est du propre !**
Le bain de poussière que prend cette perdrix débarrasse ses plumes des parasites et des peaux mortes.

ATTENTION

Installe ta baignoire dans un lieu dégagé, afin que les chats ne puissent pas y tendre une embuscade aux oiseaux.

Cet oiseau bat des ailes pour bien faire naviguer l'eau sur son corps.

Tous les mêmes ?

Il n'est pas toujours facile de différencier deux oiseaux… Surtout lorsqu'il s'agit d'espèces sauvages et non d'oiseaux en cage que l'on pourrait étudier tranquillement. À nos yeux, rien ne ressemble plus à une mouette qu'une autre mouette. Et pourtant, chaque oiseau est un individu à part entière. Avec un peu d'entraînement, tu réussiras peut-être à repérer un spécimen dans une volée. Pour cela, il te faut être attentif à ses traits particuliers – des taches, le plus souvent – ou à son comportement.

À s'y méprendre
Dans un groupe de mouettes, les individus âgés se distinguent par leur plumage blanc, contrastant avec celui des jeunes, moucheté ou marron. Pour différencier deux adultes, il te faudra plus de patience, ainsi qu'une plus grande attention aux détails.

ORIGINAUX

Les plumes blanches des oiseaux albinos se repèrent de loin. Chez les albinos partiels, on remarque des taches blanches, plus ou moins grandes et répandues, en particulier au niveau des ailes. Autre originalité aviaire, celle qui touche au bec : après une blessure, il arrive en effet qu'un bec développe une petite bosse.

Merle albinos partiel ▲
Ce merle albinos arbore des taches blanches sur son corps, ses ailes et sa queue, au lieu du noir habituel.

PRÉSÉANCE

La politesse n'existe pas chez les oiseaux. Certains n'hésitent pas ainsi à « jouer des coudes » pour se frayer un chemin jusqu'à la nourriture, au détriment des autres. Quand deux oiseaux s'attaquent à un même aliment, le dominant force le dominé à attendre ou bien il le chasse. Les troupes adoptent une sorte d'ordre hiérarchique : les adultes expérimentés tenant les jeunes sous leur contrôle.

Dominant, dominé ▲
De ces deux litornes, apparemment identiques, la dominante mangera la plus grande partie du repas.

Un air de déjà vu

Certains oiseaux arborent des taches – sur la tête, la poitrine ou le cou – qui permettent de les différencier. Dans une troupe, ces marques font office de badges permettant aux individus de se reconnaître. À toi d'apprendre à repérer tous ces signes !

◀ Moineau mélanure 1
Mince bande blanche sur la gorge barrée de noir (large)

Moineau mélanure 2 ▶
Large bande blanche sur la gorge barrée de noir (mince)

◀ Moineau mélanure 3
Large barre noire, large tache noire sur la poitrine

Les amours

À la saison des amours, les oiseaux ont fort à faire. Les mâles doivent d'abord trouver une partenaire, et la séduire. Pour cela, ils peuvent chanter ou exposer leur plumage. Si une femelle est intéressée, elle s'approche du mâle et le couple se lance dans une parade nuptiale. Cette étape permet aux partenaires d'apprendre à se connaître, moment essentiel au bon fonctionnement de leur couple.

Les parades
Le couple de grèbes huppés ci-dessus est en pleine parade nuptiale. Les lacs sont un bon endroit pour observer les amours des oiseaux, car la vue y est en général dégagée. La parade des grèbes, lente et élégante, diffère de celle des canards : ceux-ci pourchassent en effet les femelles, à grands renforts de cris et de battements d'ailes dans l'eau, afin d'éloigner les rivaux potentiels.

ATTENTION

Si tu observes un couple d'oiseaux pendant la saison des amours, fais-toi le plus discret possible pour ne pas faire fuir la femelle.

Défense du territoire

Ci-contre, un rouge-gorge mâle attaque un leurre placé sur son territoire. L'ayant pris pour un rival, il veut le chasser. Ce type de conflit est fréquent pendant la saison des amours. Le « propriétaire » d'un territoire n'y laisse entrer que des femelles (partenaires potentielles). Quant aux limites desdits territoires, seuls les oiseaux les connaissent, aucun être humain ne saurait les repérer.

OÙ CHERCHER ?

- Parades nuptiales – lacs ou étendues d'eau pour les oiseaux aquatiques (pour les pigeons, dans les villes).
- Territoires – dans les parcs et jardins (attention aux conflits quand survient un rival).
- Attentions prénuptiales – sur les littoraux et les bancs de sables, pour les sternes (dans les jardins, pour les oiseaux chanteurs)

Attentions prénuptiales

Ci-dessus, une sterne mâle nourrit sa partenaire. Si tu vois un oiseau adulte nourrir un autre adulte, c'est le signe qu'ils sont en couple et sur le point de se reproduire. La plupart du temps, la femelle s'accroupit, ouvre la bouche et bat des ailes, exactement comme un oisillon attendant la becquée.

Sur leur 31

Pendant la saison des amours, on repère facilement les mâles chez les canards ou les oiseaux chanteurs. Leur plumage arbore en général des couleurs vives (pour attirer une partenaire), celui des femelles étant plus terne (pour plus de discrétion lorsqu'elle couve).

Cardinal rouge ▲
Son plumage écarlate fait de lui un des oiseaux les plus bigarrés d'Amérique du Nord. Celui des femelles est marron avec une touche de rouge.

Rouge-queue ▲
Chez les rouges-queues, le mâle a la poitrine rouge et un bandeau noir sur le visage ; la femelle une teinte rouillée qui se fond avec la couleur du nid.

Mérions couronnés ▲
Les mérions couronnés d'Australie, le mâle comme la femelle, possèdent une longue queue. Mais seul le mâle arbore de vives couleurs, la femelle restant grise ou marron.

Cris et chants

Même quand on ne les voit pas, on entend souvent les oiseaux chanter ou crier. C'est ainsi qu'ils communiquent, s'avertissent des dangers ou séduisent leurs partenaires. Pour attirer des oiseaux, tu peux utiliser un appeau. On peut en construire un en un tour de main ! Celui présenté ci-dessous produit un son aigu. Tu pourras l'essayer à ta prochaine sortie ornithologique.

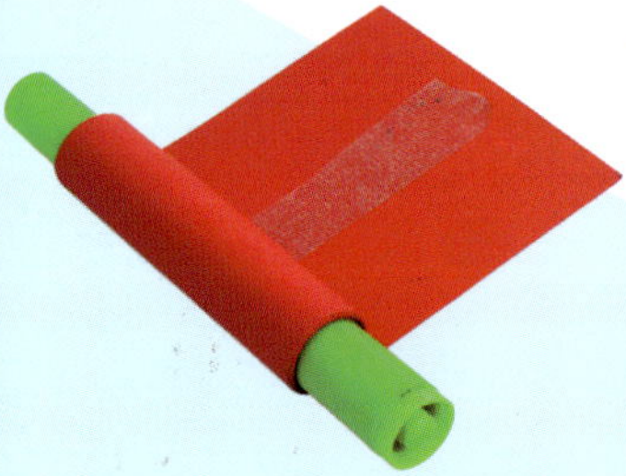

1 Enduis de colle le milieu du carton. Place le marqueur à un bout, puis roule le carton autour en serrant bien. Fixe le tout avec du ruban adhésif.

ALERTE !

De justesse ! ▲
En ville, le chat est le grand ennemi des oiseaux.

De nombreux oiseaux sonnent l'alarme quand ils sentent le danger. Par rapport aux chants, ces cris sont plus brefs et aigus. Ils ne varient guère d'un individu à l'autre. Si tu entends un cri d'alarme, c'est sans doute qu'un chat rôde alentour. Il arrive parfois que des oiseaux poursuivent des chats, de loin, sans cesser de crier. Du coup, tous les oiseaux des environs sont prévenus de l'arrivée d'un dangereux prédateur.

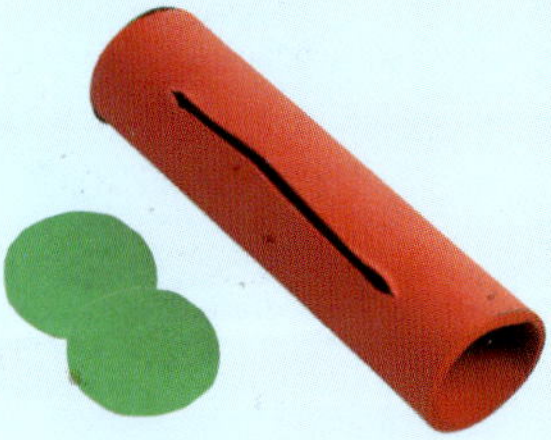

2 Taille une fente de 5 cm dans le carton. Ensuite, pose le tube sur le carton plus épais et trace deux cercles.

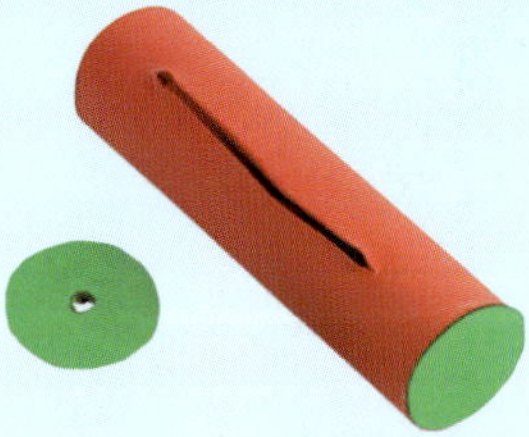

3 Colle un cercle à une extrémité du tube. Pratique un trou du diamètre de la ficelle dans l'autre.

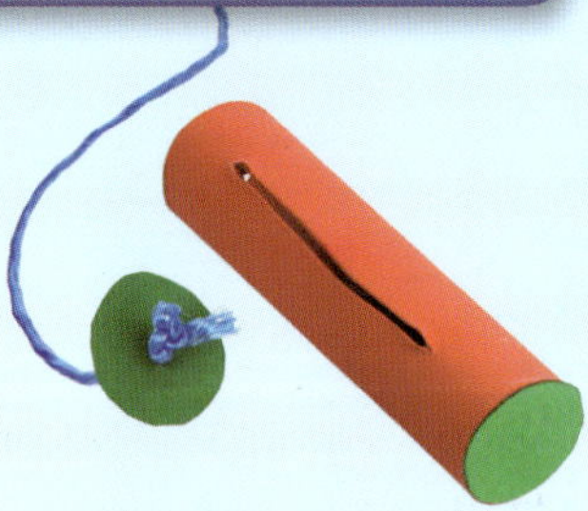

4 Passe un morceau de ficelle dans ce second cercle et fais un nœud au bout. Colle le cercle à l'extrémité libre du tube, le nœud à l'intérieur. L'appeau est prêt.

CE QU'IL TE FAUT

- Carton fin (8 cm x 30 cm)
- Carton plus épais
- 1 marqueur
- Colle
- Ruban adhésif
- Ciseaux pointus
- Stylo bille
- Ficelle

Fais-toi aider par un adulte pour utiliser les ciseaux.

DES IMITATEURS DOUÉS

L'oiseau-lyre ▲
L'oiseau-lyre sait imiter les cris de nombreux animaux, dont les aboiements du chien.

La plupart des oiseaux apprennent à chanter en imitant les adultes. Mais certains arrivent à imiter des machines agricoles ou des sonneries de téléphones portables. Les meilleurs imitateurs sont le perroquet, le mainate et l'oiseau-lyre.

ASTUCE

Veille bien à couper la fente le plus nettement possible.

5 **La ficelle** dans une main, fais tourner l'appeau au-dessus de ta tête : l'air sifflera en passant dans la fente.

Faire son nid

Avant de pouvoir fonder une famille, la plupart des oiseaux doivent construire un nid. Même quand c'est la première fois, ils savent quelle forme lui donner et quels matériaux employer. Tu peux aussi les aider en disposant dans ton jardin ce dont ils ont besoin. Ensuite, quand les oiseaux viennent se servir, tu verras ce qu'ils utilisent.

ATTENTION

Pendant la saison des amours, n'approche pas trop des oiseaux qui nichent, car tu les dérangerais. Observe-les plutôt de loin.

Les brindilles forment un cadre solide.

La paille est un matériau idéal.

CE QU'IL TE FAUT

- 6 bols
- Boue humide
- Mousse
- Brindilles
- Paille
- Petits bouts de ficelle
- Laine

1 **Dépose** les différentes matières dans les bols et installe-les dehors, à la vue des oiseaux. Assure-toi que la boue reste souple et humide. Laisse les bols au moins 24 heures, le temps que les oiseaux s'habituent à eux.

2 **Observe** les opérations de loin : quelles matières sont choisies, comment sont-elles transportées, et par qui ? Le mâle, la femelle, les deux ?

Les mésanges bleues tapissent leurs nids de boue.

Les petits oiseaux chanteurs isolent leurs nids avec de la mousse.

BONJOUR, VOISIN !

Certains oiseaux – dont les moineaux et les étourneaux – nichent dans des maisons. Près de chez toi, tu trouveras sans doute des bâtiments où ils ont élu domicile. Tu les repéreras aux matériaux de construction qui dépassent d'un toit, ici ou là, ainsi qu'aux constellations de fientes trahissant la présence des oiseaux.

Moineau ▲
Les moineaux nichent dans les maisons du monde entier, et mangent les restes laissés par les humains.

LA VIE SANS NID

Au lieu de construire un nid, certains oiseaux pondent à même le sol. Ainsi, des oiseaux de mer qui pondent sur des rochers ; ou des sternes, sur des galets. Dans les déserts et les prairies, les oiseaux n'ont d'autre choix que de pondre sur le sol : il n'y a pas d'arbres alentour. Leurs œufs et leurs petits se confondent souvent avec le paysage, ce qui complique la tâche des prédateurs.

Chez les sternes ▶
Pour pondre, les sternes creusent un trou dans le sol avec leurs pattes.

Le nichoir

Les oiseaux ont parfois du mal à trouver un bon endroit où installer leur nid. Viens à leur rescousse en installant un nichoir dans ton jardin. Plutôt que de l'acheter dans une animalerie, construis-en un, avec l'aide d'un adulte. Le modèle présenté ici, en contreplaqué étanche, est adapté aux oiseaux qui nichent dans des trous. Attention : un diamètre de trou trop grand, et c'est la porte ouverte à tous les prédateurs…

CE QU'IL TE FAUT

- Planche de contreplaqué étanche 1,5 m x 15 cm x 19 mm
- Clous galvanisés de 35 mm
- 2 vis de 5 cm
- Bande de caoutchouc incurvé (environ 15 cm^2)
- Outils de menuisier
- Papier de verre

Fais-toi aider par un adulte pour manipuler les outils.

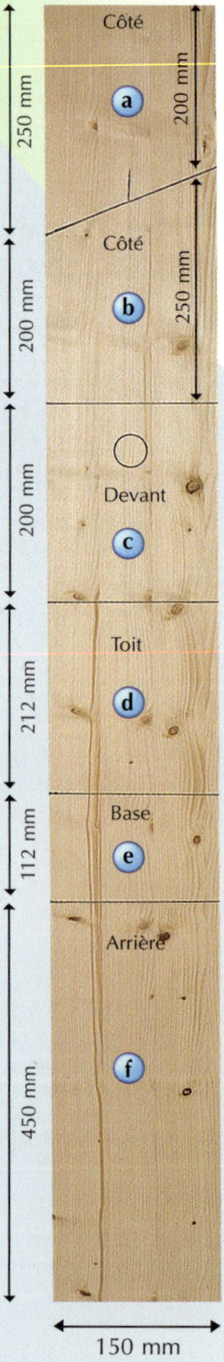

1 Découpe la planche de contreplaqué en 6 morceaux (voir ci-contre). Égalise les tranches au papier de verre.

2 À l'aide d'une perceuse ou d'une scie, fore le trou d'entrée (voir diamètre ci-dessous). Il doit se situer près du toit, afin que les œufs ou les petits soient hors d'atteinte des chats.

Diamètre	Oiseaux
29 mm	Mésanges
32 mm	Moineaux, sittelles
45 mm	Étourneaux

Petits trous prévus pour l'installation du nichoir.

3 Perce deux petits trous sur le panneau arrière. Pratiques-en plusieurs dans la base, pour l'évacuation de l'eau de pluie. Fixe la base au panneau arrière.

ATTENTION

N'utilise ni peinture ni vernis, car ils contiennent des produits chimiques dangereux pour les oiseaux. Nettoie ton nichoir chaque automne.

Où l'installer ?

Les oiseaux n'utiliseront jamais un nichoir mal placé. Pour les mésanges, rien ne vaut un tronc d'arbre ou un mur. Installe le nichoir dos au soleil de midi, afin que les petits n'aient pas trop chaud. Un ombrage est souhaitable, mais assure-toi qu'aucune branche ne soit trop proche de l'entrée…

Fixe le nichoir solidement à un mur ou à un arbre.

RÉSIDANTS DES TRONCS

Les oiseaux qui nichent dans des troncs d'arbres y vivent au chaud et au sec. Mis à part les pics, rares sont les oiseaux capables de forer un tronc. Ils utilisent alors ceux des arbres morts ou ceux qu'une famille de pics a abandonnés. Inspecte les arbres morts, quand tu pars observer des oiseaux. En particulier, ceux qui comportent des trous à moitié obstrués par de la boue : certains oiseaux se prémunissent ainsi contre toute invasion.

◄ **Merci les pics !** Les mésanges, les chouettes et les perroquets emménagent parfois dans des trous percés par des pics. Ils y pondent leurs œufs sur un lit de plumes et d'éclats de bois.

4 **Assemble** les différentes parties comme indiqué, puis cloue la charnière en caoutchouc. N'installe pas de perchoir : les prédateurs s'en serviraient pour entrer. Fixe le nichoir à l'aide de vis ou de clous. Pour bien faire, il devrait se situer à au moins 2 mètres du sol.

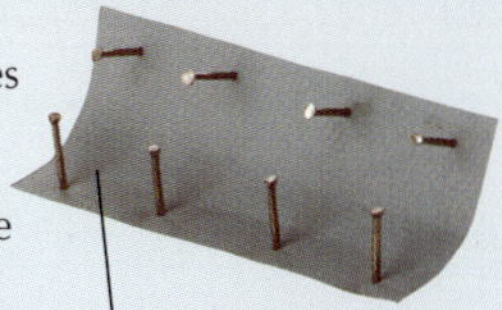

La charnière permet de nettoyer le nichoir après usage.

Colocataires

Si tu pars observer les oiseaux à la campagne ou en bord de mer, tu remarqueras sans doute que certaines espèces nichent en groupe. Leur choix est dicté par un besoin de sécurité ou par la rareté des bons emplacements pour bâtir un nid. Certaines de ces colonies regroupent vingt à trente individus. Les plus grandes rassemblent plus d'un million de têtes. Une telle concentration d'oiseaux est un spectacle inoubliable… autant que leurs cris que leur odeur !

Les mouettes tridactyles
Pour les oiseaux de mer, une falaise constitue un endroit sûr où nicher. Ainsi, les mouettes tridactyles s'installent-elles contre des falaises rocheuses, à l'abri des prédateurs. Elles construisent des nids en forme de bol, à base d'algues et de boue. D'autres oiseaux de mer pondent à même le rocher.

OÙ LES TROUVER

Les falaises du littoral ou les îles côtières abritent souvent des colonies. Pour y voir des oiseaux, la meilleure période est le printemps ou le début de l'été.

Adulte déployant sa queue pour freiner.

Le nid arrondi de l'hirondelle de fenêtre est doté d'une petite entrée au sommet.

Si près de nous

Certaines colonies nichent près de nous : les hirondelles dans des granges, les hirondelles de fenêtre sous les avant-toits. En général, elles reviennent chaque année au même endroit. Comme elles fabriquent leur nid à partir de boue humide, elles ne peuvent pas s'installer dans un lieu sec.

ATTENTION

Veille bien à ne pas perdre l'équilibre quand tu regardes voler ces oiseaux de mer. Si tu utilises des jumelles, pense à t'asseoir pour l'observation.

CHACUN À SA PLACE

Les fous de Bassan nichent sur des îles côtières rocailleuses et éloignées. Loin de leurs prédateurs, ils doivent toutefois se méfier les uns des autres. Étant donné la concentration d'oiseaux, chaque couple surveille jalousement son petit territoire. Malheur à celui – même un jeune – qui se pose au mauvais endroit… et passe à portée de bec !

Radioguidage ▸
Quand un fou de Bassan revient se poser sur son territoire, il se fie aux cris de sa partenaire qui le guide pour l'atterrissage.

L'œuf et la vie

Une fois le nid construit, la femelle peut pondre les œufs, puis les couver : c'est l'incubation. Chez certains oiseaux, les deux parents se relaient pour assurer ce travail ; mais la plupart du temps, seule la mère couve. À l'intérieur de l'œuf, la chaleur fait son œuvre, et bientôt, les oisillons sont assez grands pour éclore. Prends garde à ne pas trop t'approcher d'eux : un rien peut les déranger à ce stade.

L'incubation
La crécerelle ci-dessous a pondu 6 œufs qu'elle doit maintenant couver. De temps en temps, elle les déplace avec son bec, pour s'assurer qu'aucun ne refroidit. Durant l'incubation, son partenaire se charge de lui apporter de quoi se nourrir.

Coquilles baladeuses

Une fois les œufs éclos, certains parents se débarrassent des coquilles, afin que celles-ci n'attirent pas de prédateurs. C'est bien pensé ! Si tu trouves des débris de coquille par terre en te promenant, examine-les en t'inspirant des modèles ci-contre, et tu arriveras peut-être à savoir quel oiseau les avait pondues.

Merle d'Amérique ▶
Comme d'autres oiseaux de sa famille, le merle d'Amérique pond des œufs bleus. Son nid arrondi est tapissé de boue.

Épervier ▶
Son œuf a un aspect camouflé, comme beaucoup d'oiseaux de proie. Son nid est fait de baguettes.

L'ŒUF ET LA COQUILLE

L'extérieur de la coquille d'œuf est dure, protégeant le chorion, plus souple. C'est le calcium qui rend la coquille dure. Si tu laisses un œuf plongé toute une nuit dans du vinaigre, tu découvriras au matin que la coquille s'est dissoute et qu'il est devenu mou et caoutchouteux.

1 **Remplis** de vinaigre un demi-bocal, dans lequel tu introduiras un œuf. Repose le couvercle sur le bocal et attends au moins 8 heures.

2 **Vide** le vinaigre et presse l'œuf entre tes doigts. Au lieu de se casser, il va se déformer.

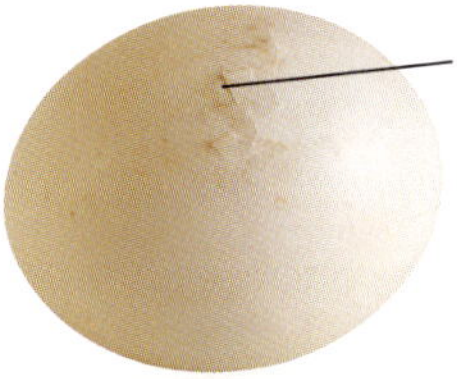

Craquelure indiquant le début de l'éclosion.

L'éclosion

Pour briser sa coquille, cet oisillon (une petite hulotte) utilise son diamant, une bosse dure qu'il a sur le dessus du bec. Chaque fois qu'il donne un coup de bec, il pivote à l'intérieur de l'œuf afin de briser tout le tour de la coquille. Une fois ce travail terminé, et la coquille ouverte, il peut s'extraire de l'œuf et rejoindre le nid.

L'oisillon écarte la coquille avec ses pattes.

ATTENTION

Il est interdit de prendre des œufs dans le nid des oiseaux. De plus, si tu t'en approches, les parents risquent d'abandonner leurs petits.

À la naissance, les petites chouettes sont aveugles et presque nues.

◀ **Mésange à longue queue**
Une mésange peut pondre jusqu'à 12 œufs dans un nid arrondi. Les coquilles blanches présentent des taches sombres.

◀ **Guillemot**
Le guillemot niche contre les falaises. Ses œufs sont de forme ovale afin d'éviter qu'ils roulent et ne tombent.

Pouillot siffleur ▶
L'oiseau chanteur pond des œufs mouchetés. Il niche dans des buissons, sauf le pouillot siffleur, qui niche sur le sol.

La vie de famille

Observe les oisillons qui vivent dans le nichoir de ton jardin, tu verras qu'ils se développent très vite. À tel point que nos 3 repas par jour ne leur suffiraient pas. Leurs parents s'épuisent toute la journée à les nourrir. Regarde-les faire 15 minutes et tu pourras estimer combien de fois par jour ils viennent apporter à manger aux petits.

CE QU'IL TE FAUT

- Jumelles
- Chronomètre ou montre
- Carnet
- Crayon
- Calculatrice
- Calendrier

Choisis un nid que tu pourras observer sans déranger les oiseaux.

1 **Installe-toi** de façon à pouvoir observer les oiseaux sans te faire remarquer par les parents.

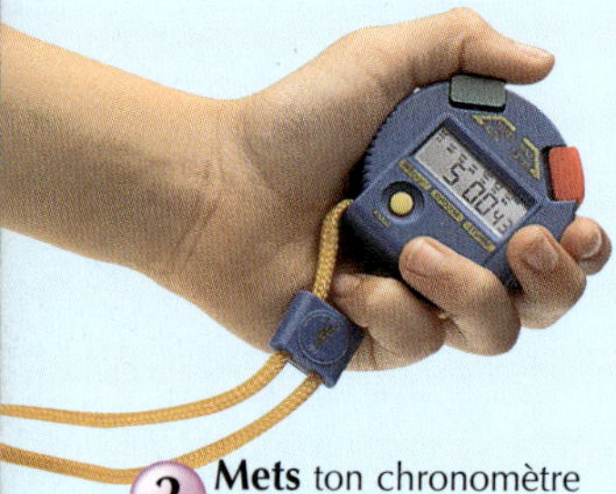

2 **Mets** ton chronomètre en marche pour 15 minutes, ou note l'heure qu'il est. Te voilà prêt à compter.

3 **Fais** une marque dans ton carnet chaque fois qu'un parent apporte à manger aux petits. Poursuis l'opération pendant 15 minutes.

4 **Sur un calendrier,** regarde combien de temps sépare le lever du coucher du soleil. La journée de travail des parents dure de l'aube au crépuscule, tant qu'il fait jour.

PRÉCOCITÉ

Les oiseaux qui nichent par terre grandissent plus vite que ceux qui nichent dans les buissons ou les arbres. Ainsi, les oisons (les petits de l'oie) savent-ils nager et manger trois heures à peine après leur naissance. D'instinct, ils suivent leur mère partout – même s'il faut traverser une rue !

◄ **L'oie et ses petits**
Les oisons ne quittent pas leur mère, mais savent trouver à manger tout seuls.

VIGILANCE !

Certains oiseaux défendent leur nid ou leurs petits de façon très active. Ainsi, les corbeaux croassent-ils bruyamment si on s'approche de leur nid. Les sternes et les mouettes attaquent les intrus en piqué. À la campagne, si tu trouves un oiseau qui se traîne avec une aile apparemment cassée, c'est sans doute qu'il te joue un tour afin de t'éloigner de son nid !

Feinte animale ▶
Ce pluvier kildir fait semblant d'être blessé afin d'attirer les prédateurs et de les éloigner de son nid.

5 **Additionne** les marques dans ton carnet, et multiplie ce chiffre par 4. Multiplie ensuite le résultat par le nombre d'heures de jour. Ce nombre est celui des voyages effectués en une journée par les parents.

Mésange bleue apportant une chenille à manger à ses petits.

Le bec coloré des oisillons attire les parents.

ATTENTION

Si tu découvres dans la nature un oisillon isolé, ne le ramasse que si tu es sûr qu'il est blessé. Ses parents doivent attendre non loin de là que tu t'en ailles.

En eau douce

Sur les mares, les lacs et les étangs, tu verras sans doute des canards, et peut-être même des oies et des cygnes. Ces oiseaux-là se sont habitués à l'homme, et on peut les observer facilement. Amuse-toi à découvrir les techniques qu'ils emploient pour manger, en leur proposant des aliments qui flottent, et d'autres qui ne flottent pas.

CE QU'IL TE FAUT

- 2 verres d'eau
- Croûtons de pain
- Riz gonflé toute une nuit, puis égoutté

ASTUCE

Attire les canards en faisant semblant de leur jeter à manger avant le début du test.

1 Pour comprendre comment fonctionne ce test, mets des croûtons de pain sec dans un verre d'eau. Comme ils sont pleins d'air, ils flottent.

2 Fais tremper le riz une nuit, puis égoutte-le. Mélange-le à des croûtons de pain, puis mets le tout dans un verre d'eau. Le poids du riz fait couler l'ensemble.

3 Va jeter des croûtons de pain sec et du mélange riz-croûtons dans un lac ou un étang près de chez toi. Regarde comment les canards s'y prennent pour manger tout ça.

DÉJEUNER SUR L'HERBE

Les oies, équipées de doigts palmés, sont de grandes nageuses. Elles passent souvent la nuit sur l'eau mais, contrairement aux canards, elles viennent en général manger à terre, où leur bec puissant leur permet de tirer sur les plantes et de les arracher d'un coup sec. L'hiver, on les voit se nourrir à plusieurs dans des champs ou des marécages.

L'oie des neiges ▸ L'oie des neiges se reproduit dans la toundra du nord du Canada, puis va passer l'hiver au chaud, par exemple en Californie.

LA TECHNIQUE DU CANARD

Certains canards trouvent leur nourriture à la surface de l'eau. D'autres passent la tête dessous pour fouiller la vase. Certains plongent carrément pour saisir leur proie en nageant.

Colvert plongeant sa tête sous l'eau pour pêcher.

À COUPS DE BEC

Les canards, les oies et les cygnes se distinguent surtout par leur cou et leur bec. Ils ne s'intéressent, dès lors, pas aux mêmes proies. Certains se nourrissent de poissons, mais la plupart se régalent de plantes ou de petits animaux aquatiques (insectes, escargots et vers). Le bout de leur bec, sensible, leur permet d'attraper ce qu'ils ne voient pas (comme dans la vase).

Pour tâter ▶
Le bec du colvert, long et large, est parfait pour attraper des aliments à la surface de l'eau ou pour les chercher au fond de la vase.

Colvert

Pour fouiller ▶
Le tadorne de Belon se nourrit sur les rivages à marée basse. Il fouille la boue de son bec en bougeant la tête de gauche à droite tout en avançant (il laisse des traces en zigzag).

Tadorne de Belon

Pour saisir ▶
Les oies et les cygnes utilisent leur bec pour saisir la nourriture, notamment grâce aux muscles puissants de leurs joues.

Cygne noir

Pour pêcher ▶
Le bec du mergule, très fin, est pourvu de bords dentelés et d'un bout crocheté. Ces dentelures l'aident à tenir les proies qu'il pêche.

Mergule

En bord de mer

Beaucoup d'oiseaux vivent et se nourrissent au bord de la mer. Les mouettes, par exemple, sont de grands charognards. Elles sillonnent le ciel en scrutant la plage pour trouver leur proie, puis fondent au sol pour l'attraper. Les huîtriers et les tourne-pierres, eux, arpentent la plage. Friands de mollusques, de crevettes et de vers, chacun a sa technique pour les manger. C'est à marée basse que tu auras le plus de chance de les observer, quand ils sont occupés à chercher leur repas.

OÙ LES TROUVER ?

- Huîtriers – rivages rocheux et boueux ; parfois des champs humides à l'intérieur des terres.
- Tourne-pierres – plages (sable et boue).
- Avocettes – baies peu profondes, à fond vaseux.
- Mouettes – tous types de rivages ; parcs.
- Sternes – rivages (sables et rochers) ; près des lacs intérieurs.

Avec son bec, l'huîtrier ouvre les coquilles et chasse les vers.

Casser la graine

Le bec fin de l'huîtrier est parfait pour déguster les petits animaux qui vivent dans une coquille. Il s'en sert comme d'un marteau pour casser la coquille. Si elle est trop grosse, il l'ouvre en deux en glissant son bec entre les deux parties. Les huîtriers ne font pas dans la discrétion : on les entend de loin crier leur « cliip-cliip » à tue-tête.

ATTENTION

Si tu pars observer des oiseaux en bord de mer, renseigne-toi sur les horaires des marées pour ne pas te faire piéger.

La marée

Quand la mer se retire, elle dépose des algues sur le rivage. Certains oiseaux, comme le tourne-pierre, en profitent pour chasser les petits amis cachés dessous. Toi aussi, tu y trouveras des puces de sable. Les mouettes, quant à elles, cherchent des restes de poisson et de crabe.

Le tourne-pierre secoue les algues et ouvre les coquilles avec son bec.

Son plumage se colore davantage l'été, quand il part se reproduire au Nord.

SOUS TERRE

À marée basse, de nombreux animaux se cachent dans la boue, ou se déplacent dans l'eau boueuse. Les oiseaux ne les voient pas, mais ils peuvent les trouver en utilisant leur bec. La plupart des échassiers ont le bout du bec très sensible. Il leur sert à fouiller l'eau à la recherche de nourriture. Dès qu'ils croient avoir trouvé quelque chose de comestible, leur bec se referme et ils sortent leur proie de l'eau.

L'avocette ▸
Ces avocettes d'Amérique cherchent à manger dans l'eau grâce à leur bec incurvé. Elles fouillent l'eau en bougeant la tête de droite à gauche.

Les oiseaux des villes

La campagne n'est pas le lieu de vie exclusif des oiseaux : certains se plaisent très bien en ville. Ces individus-là sont bien moins sauvages que les autres. On les rencontre dans les parcs et jardins, mais aussi dans les rues et les bâtiments. Si tu habites en ville, pourquoi ne dresserais-tu pas une carte des diverses sortes d'habitat qui s'y trouvent ? Tu pourrais ensuite étudier les différents types d'oiseaux qui y vivent.

CE QU'IL TE FAUT

- Grande feuille de papier blanc
- Crayons de couleur
- Fiches cartonnées
- Panneau & punaises
- Magazines avec des photos d'oiseaux

1. **Dessine** un plan de ton quartier en indiquant les types d'habitat possibles pour les oiseaux. Fixe-le sur un grand panneau. Passe en revue chaque habitat

2. **Prépare** une fiche pour chaque habitat. Notes-y des infos sur les oiseaux que tu y auras vus. Recherche des photos de ces spécimens dans des magazines, puis colle-les sur la fiche. Avec une punaise, tu peux ensuite accrocher ces fiches au bon endroit sur la carte.

CHAROGNARDS DES VILLES

Certains oiseaux se nourrissent de nos déchets. La ville est leur paradis ! Les mouettes et les corbeaux sont les plus téméraires et les plus agressifs de ces chasseurs de déchets. Les pigeons et les étourneaux, bien que plus timides, savent parfaitement repérer un aliment dès qu'on le laisse tomber.

◄ **Libre-service**
Les décharges constituent un véritable garde-manger à ciel ouvert. Ci-contre, un bulldozer fait fuir une volée de mouettes... qui reviendront bientôt !

Marais
Vanneaux dans le marais près de la rivière. Fauvettes dans les roseaux.

Rivière
Martin-pêcheur qui plonge, puis se perche pour manger son poisson.

Maisons
Moineaux qui nichent dans un mur. Descendent souvent manger sur la mangeoire plateau.

Bois
Pic repéré sur un arbre. Se cache derrière le tronc.

Pré
Étourneaux se nourrissant dans l'herbe du pré. Parfois chassés par des corbeaux.

Rivière

Étang

Marais

Pré

Bois

Maison & jardin

Les nocturnes

La chouette utilise ses ailes et sa queue pour freiner à l'approche du sol.

À la tombée de la nuit, quand la plupart des oiseaux se couchent, d'autres se lèvent ! Pour les chouettes et les engoulevents, la journée commence. Si tu veux les voir et les entendre, il te faut être au bon endroit au bon moment. La meilleure période pour commencer, c'est juste avant le coucher du soleil : tes yeux auront tout le temps de s'habituer à l'obscurité.

ATTENTION

Fais-toi accompagner par un adulte, si tu pars la nuit observer les oiseaux nocturnes. Choisis un lieu calme, à l'écart des routes.

Service de nuit

Cette chouette fond sur sa proie, prête à frapper. En général, les chouettes attrapent leur proie au sol, mais elles peuvent aussi attaquer de petits oiseaux perchés dans les arbres. Certaines se nourrissent même de grenouilles et de poissons.

Tapage nocturne

Tends l'oreille juste à la tombée de la nuit : tu entendras des chouettes qui hululent et des engoulevents qui émettent des ronronnements en fendant l'air. L'été, il arrive que des chanteurs se joignent à la chorale, comme le rossignol ci-contre, qui ne dort pas de la nuit.

Quand ils dorment, les oiseaux enserrent une branche avec leurs doigts.

Une bonne nuit de sommeil

Les pigeons ci-dessus vont passer la nuit sur cette branche. Collés les uns aux autres, ils sont plus en sécurité. Si tu observes le ciel nocturne, en particulier près des points d'eau et des parcs, tu verras souvent des troupes d'oiseaux se réunir avant la tombée de la nuit.

Observation nocturne

La nuit, il est difficile de repérer les oiseaux avec une lampe électrique, car ils bougent sans cesse. Mieux vaut trouver un endroit dégagé avec vue sur le soleil couchant. Quand la nuit tombe, tu verras apparaître des oiseaux et même des chauve-souris. Pour les distinguer, observe leur silhouette et leur façon de voler. Les jumelles sont particulièrement efficaces juste après le coucher du soleil, car elles attirent la lumière.

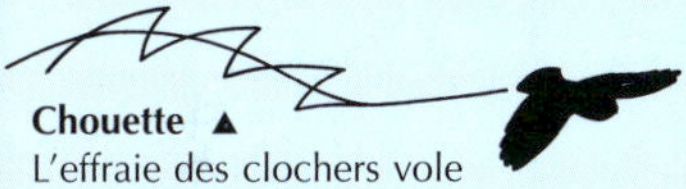

Chouette ▲
L'effraie des clochers vole lentement, suivant un mouvement descendant, en battant régulièrement des ailes. Elle sillonne les champs à l'écoute des bruits des petits animaux au sol. D'autres chouettes ont un vol plus rapide.

Engoulevent ▲
L'engoulevent passe à table au crépuscule. Il décrit de grands cercles près du sol et attrape des insectes avec son bec. Parfois, un mâle se touche le bout des ailes – signal à l'attention des femelles –, en produisant un claquement.

Chauve-souris ▲
Chasseuse d'insectes, la chauve-souris suit dans le ciel un vol sinueux. Elle bat des ailes bien plus vite que les oiseaux. Souvent, elle chasse au-dessus de l'eau, et plonge à l'occasion pour boire.

Pas si bête !

On ne considère pas les oiseaux comme des animaux très futés… Pourtant, quand il s'agit de nourriture, ils sont capables de se surpasser. Pour t'en convaincre, fais la petite expérience suivante… Répartis des graines dans deux pots : l'un ouvert, l'autre fermé. Un enfant de 2 ans retirerait aussitôt le couvercle du second pot, mais combien de temps mettra un oiseau ?

CE QU'IL TE FAUT

- 2 petits pots transparents en plastique
- Graines pour oiseaux
- Petit morceau de carton
- Ruban adhésif
- Petits cailloux
- Ciseaux
- Crayon ou stylo

1 **Pose un pot** à l'envers sur le carton et trace le contour du bord. Mets le carton de côté. Remplis la moitié de chaque pot avec des cailloux (pour que les oiseaux ne les renversent pas en mangeant).

2 **Découpe le cercle** du diamètre du pot, en ménageant une languette. Scotche ce couvercle à l'un des deux pots.

3 **Verse un peu** de graines dans chaque pot. Ferme le couvercle. Installe les pots dehors, l'un près de l'autre.

UNE MÉMOIRE D'ÉLÉPHANT

À la fin de l'été et en automne, les geais enterrent des graines et des fruits qu'ils déterrent en hiver, quand ils n'ont rien d'autre à manger. Ils sont capables de se rappeler où sont entreposées des centaines de graines, même dans un terrain enneigé. Les oiseaux migrateurs, eux, savent retrouver avec précision leur nid à plusieurs milliers de kilomètres de distance.

DOUÉS DE PAROLE ?

Tu sais que certains oiseaux savent parler. Les perroquets sont les plus célèbres experts dans ce domaine. Les perruches, sortes de petits perroquets, peuvent elles aussi retenir des mots. Cela ne fait pas d'elles, ni d'eux, des animaux intelligents : ils ne font en effet qu'imiter des sons, sans rien y comprendre.

Quatre pipelettes ▶
Jeunes, les perruches retiennent facilement des mots. On peut leur apprendre à siffler un air.

ASTUCE

Retente l'expérience le lendemain, pour voir si les oiseaux ont retenu la leçon.

4 **Observe les réactions** des oiseaux. Ils commenceront par le pot ouvert puis, quand celui-ci est vide, les oiseaux auront-ils l'idée de soulever le couvercle de l'autre… ?

Les étourneaux sont des oiseaux particulièrement « intelligents ».

Tous les oiseaux commenceront par le pot ouvert.

À la volée

Dans la nature, il est fréquent que des oiseaux vivent en groupes de quelque ou de plus d'un million d'individus ! La sécurité est leur objectif n° 1. Dans une volée, certains individus jouent le rôle de sentinelle, à l'affût d'éventuelles attaques. Le vol en groupe permet également aux oiseaux de trouver de la nourriture même quand celle-ci est éparpillée. Ils travaillent en équipe : quand l'un trouve à manger, les autres le rejoignent.

Autodéfense
À la campagne comme en ville, on voit parfois des oiseaux de proie se faire attaquer en piqué par de plus petits spécimens. C'est une technique d'autodéfense qui, en harcelant l'adversaire, permet de le mettre en fuite.

Les oiseaux s'efforcent de ne pas se marcher les uns sur les autres.

DÉNOMBREMENT

Comment savoir combien il y a d'oiseaux dans une troupe ? Ils bougent trop vite pour qu'on puisse les compter un par un. Essaie de diviser la volée en carrés imaginaires. Puis estime le nombre d'individus que comporte chaque carré. Multiplie ce chiffre par le nombre de carrés que constitue la troupe, et tu obtiendras une idée (plus exacte qu'une simple évaluation au jugé) du nombre total d'oiseaux.

◂ **Quadrillage du ciel**
La troupe ci-contre est divisée en 16 carrés imaginaires, certains pleins, d'autres presque vides. On compte une moyenne de 5 oiseaux par carré. La volée en comprend donc environ 80.

LES SENTINELLES

Quand plusieurs oiseaux mangent ensemble, tous ne se nourrissent pas en même temps. Chacun leur tour, ils lèvent la tête pour repérer le moindre signe de danger. Dès que l'un d'eux flaire une menace, il s'envole, aussitôt suivi par ses amis. Ce système de sentinelle complique la tâche des prédateurs.

La voie est libre ▸
Sur les sept oiseaux ci-contre, six mangent pendant que le septième monte la garde. Dans une grande volée, plusieurs oiseaux tiennent ce rôle de sentinelle en permanence.

L'union fait la force
Ci-dessous, mouettes et bécasseaux s'unissent pour chasser les crabes et les poissons. Les mouettes passent en général la nuit sur l'eau. Les bécasseaux, eux, trouvent à se percher sur la plage à marée haute, puis vont se nourrir à marée basse – le jour ou la nuit.

Les migrations

Si tu fais bien attention, tu remarqueras qu'il y a, parmi les oiseaux de ton quartier, des espèces que tu n'observes pas toute l'année. Il s'agit d'oiseaux migrateurs qui arrivent en général au printemps, passent l'été chez toi, puis disparaissent au début de l'automne. Ces oiseaux parcourent souvent de très grandes distances, mais le jeu en vaut la chandelle. Ils se reproduisent l'été, quand ils ont de quoi nourrir leurs petits, puis s'en vont passer l'hiver dans un pays chaud, avant de revenir l'année suivante.

En plein effort
La migration de l'oie des neiges couvre près de 4 000 km, de l'Arctique au sud des États-Unis. Elle suit une voie migratoire, sur laquelle les oiseaux savent où trouver des lieux pour se reposer et s'alimenter.

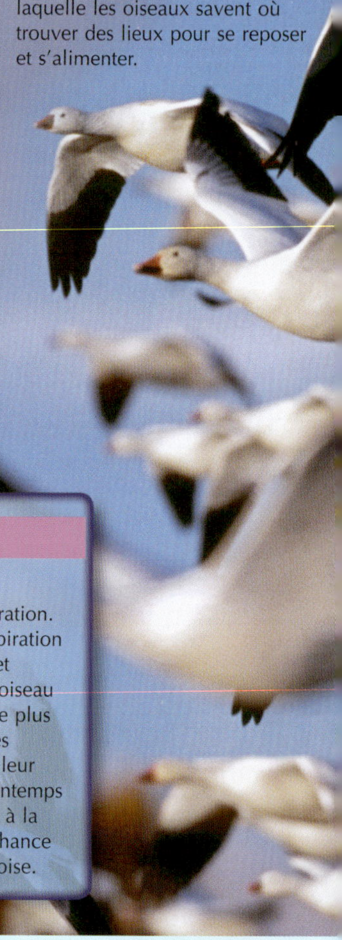

EN FORMATION

Les grands oiseaux adoptent la formation en V durant leur migration. Chaque individu profite de l'aspiration créée par celui qui le précède et économise ainsi son énergie. L'oiseau de tête est celui qui se fatigue le plus vite. De jour comme de nuit, les oiseaux migrateurs poursuivent leur route. Par une claire nuit de printemps ou d'été, regarde la pleine lune à la jumelle ; tu auras peut-être la chance d'en voir passer en ombre chinoise.

Voyageurs au long cours
Presque partout dans le monde, le printemps est un moment passionnant pour les amis des oiseaux, car il marque le retour des espèces migratrices. Certains passent leurs journées dans le ciel, d'autres restent cachés. Apprends à reconnaître leurs cris, et tu sauras détecter leur présence.

Coucou ▲
Dans toute l'Europe et le nord de l'Asie, le coucou est un oiseau migrateur bien connu, surtout pour son cri, le fameux « coucou ».

Tangara écarlate ▶
Il se reproduit en Amérique du Nord et passe l'hiver en Amérique du Sud. Au printemps et en été, les mâles arborent un plumage rouge vif qui tourne au jaune verdâtre le reste de l'année.

TOUS SUR LE PONT !

Salle d'embarquement ▲
Avant le départ, les hirondelles volettent en tous sens, se perchent sur des fils électriques et se lissent les ailes.

À la fin de l'été, tu peux repérer les oiseaux qui préparent leur migration. Pour ce qui est du retour, ce sont souvent les mâles qui arrivent les premiers, en général au même lieu de reproduction que l'année précédente. Certains migrateurs voyagent en groupes, comme les hirondelles, mais la plupart font la route seuls. Aussi incroyable que cela puisse paraître, les petits qui n'ont jamais fait le voyage sont capables, d'instinct, de le mener à son terme.

▲ **Colibri à gorge rubis**
Cet inépuisable migrateur passe de l'Amérique centrale au Canada en survolant le golfe du Mexique.

Pouillot véloce ▼
Quand ce dévoreur d'insecte arrive dans le nord de l'Europe, au moment des premières feuilles, on peut être sûr que le printemps est imminent.

Hirondelle ▶
Les hirondelles viennent se reproduire dans tout l'hémisphère Nord au milieu du printemps, quand apparaissent les premiers insectes. Elles s'en vont ensuite passer l'hiver en Afrique.

Calendrier aviaire

Un bon ornithologue amateur ne connaît pas le repos : il est occupé douze mois par an. Un calendrier aviaire t'aidera à consigner les faits marquants jour après jour. Si tu possèdes un appareil photo, immortalise tes découvertes et colle les clichés sur le calendrier. Sinon, essaie de les dessiner !

CE QU'IL TE FAUT

- Un calendrier vierge
- Crayons et stylos
- Colle
- Photos des oiseaux observés
- Plumes, débris de coquille, etc.

1 Trouve un calendrier dans lequel tu pourras prendre des notes. Consigne tout ce que tu peux voir, joins-y photos et éléments matériels. Avec le temps, tu pourras comparer le comportement des oiseaux d'une année sur l'autre et voir s'il est lié aux saisons.

LE RÔLE DES SAISONS

Printemps

Les oiseaux ne mesurent pas le temps, mais suivent néanmoins le cours des saisons, et font ce qu'ils ont à faire en temps voulu. Au printemps, les jours rallongeant, ils comprennent qu'ils doivent partir pour le nord et commencer à bâtir leurs nids.

Automne

À l'automne, les jours commencent à raccourcir. Les oiseaux migrateurs partent pour le sud. D'autres modifications du comportement ont alors lieu. De nombreux mâles adultes font leur mue. Les geais se mettent à stocker des provisions.

5 Premier coucou entendu

11 Temps FROID & HUMIDE !!

18 Nichoir occupé !

17 Bord de mer. Vu nids contre la falaise

6 Premiers martinets vus ce jour

24

23 Début d'une collection de plumes

22 Trouvé des pelotes de chouette

30

Espérance de vie

L'espérance de vie chez les oiseaux est très fluctuante. Les petits oiseaux chanteurs meurent avant leurs 4 ans, mais de plus grandes espèces atteignent les 40. Cela dit, pour pouvoir vivre vieux, un oiseau doit survivre aux premiers mois de sa vie, période très dangereuse pour lui. Quand ils ne meurent pas de faim ou de froid, les oisillons sont des proies faciles pour les prédateurs. Heureusement, les couvées sont suffisamment nombreuses pour perpétuer l'espèce.

Le baguage
Cet huîtrier a été bagué aux deux pattes afin que les ornithologues puissent le suivre dans le temps. Si tu trouves un oiseau bagué mort, il est peut-être porteur d'une adresse : ta découverte sera utile à ceux qui l'ont bagué.

La mère pousse de petits cris pour regrouper sa troupe.

Une vie de canard
Observe des canetons au printemps et en été, tu verras combien la vie peut être dure pour des oisillons. Cette cane a encore nombre de ses petits, mais à la fin de l'été, il ne lui en restera sans doute plus que deux ou trois.

SCIENCE-FICTION

Si tous les oisillons survivaient et se reproduisaient, le ciel ne serait pas assez grand pour tous les oiseaux. Faisons le calcul à partir d'un couple de mésanges bleues : combien seraient-ils au bout de 10 générations si tous les petits survivaient ? Une nichée donnant en moyenne 6 œufs, multiplions 6 par 6 dix fois de suite pour le savoir. À ta calculatrice !

Quelle cadence ! ▼
Les mésanges bleues n'ont qu'une couvée par an. D'autres oiseaux chanteurs en ont deux, voire trois, car ils perdent beaucoup de petits.

Le caneton compte sur son duvet pour rester au chaud.

Pas facile tous les jours

Une fois adulte, un oiseau a plus de chances de survivre. Il est mieux à même de trouver à manger et d'assurer sa sécurité. Sa longévité dépendra ensuite un peu de sa chance, et aussi de son espèce. Voici quelques exemples qui te montreront que tous les oiseaux ne sont pas égaux face à l'espérance de vie.

Héron cendré ▶
Un héron peut atteindre les 20 ans dans la nature, et plus en captivité.

Hulotte ▶
Bien que petite, la chouette a une longue vie. Les hulottes peuvent atteindre les 15 ans. Elles se reproduisent dès leur première année, et ce jusqu'à leur mort.

Moineau domestique ▼
Le moineau domestique vit rarement plus de cinq ans, moins qu'un héron ou une chouette. Cela dit, il peut fonder jusqu'à 3 familles par an.

Aidons-les !

Les oiseaux ont la vie dure sur notre planète. Dans un monde que l'homme fait évoluer en permanence, ils ont du mal à trouver leur place... et leur nourriture. Il existe environ 9 500 espèces d'oiseaux sur Terre, dont un huitième est déjà menacé d'extinction. Les scientifiques et les amis des oiseaux font tout leur possible pour leur venir en aide. Si tu aimes les oiseaux, n'hésite pas à leur prêter main-forte.

À TOI DE JOUER

- Cherche sur Internet ou dans un annuaire local les coordonnées des associations d'ornithologues.
- S'il existe des réserves près de chez toi, prévois de t'y rendre.
- Va découvrir au zoo des oiseaux du monde entier.
- Parle d'ornithologie et d'oiseaux à tes amis. Eux aussi peuvent participer.

Avec tes jumelles, tu repéreras peut-être des spécimens rares.

Associations & clubs
Si tu t'inscris dans un club d'ornithologie, tu en apprendras plus sur les oiseaux de la région et les problèmes qu'ils rencontrent. Ces clubs sont souvent liés à des organisations internationales de protection des espèces.

SOS OISEAU BLESSÉ

Chaque année, des oiseaux sont victimes d'accidents divers. Si tu découvres un oiseau grièvement blessé, tu n'auras guère de chances de le sauver. Cela dit, s'il est petit, et si tu tiens à l'aider, installe-le dans une boîte tapissée de papier, et pourvue d'un abreuvoir. Dépose cette boîte dans un endroit sombre et calme, puis contacte un club d'amis des oiseaux.

Mouette en détresse ▶
Cette jeune mouette s'est pris une patte dans une boîte en plastique. Si tu la manipules, méfie-toi de ses coups de bec. Fais-toi plutôt aider par un adulte, et contacte un centre d'aide aux animaux.

Heureuses initiatives

Un oiseau est fait pour vivre dans la nature, où il peut voler à sa guise. Toutefois, certains zoos contribuent à la conservation d'espèces menacées en organisant leur reproduction.

Le plumage vert du perroquet-hibou se confond avec la végétation.

Lutter contre l'extinction

Certains oiseaux rares font l'objet de mesures de protection intensive. Ainsi, en Nouvelle-Zélande, on s'affaire pour sauver le perroquet-hibou, étonnant perroquet incapable de voler, menacé par des prédateurs introduits sur l'île : rats et chats. Sans l'aide de l'homme, l'espèce se serait déjà éteinte.

Classification On recense à peu près 9 500 espèces d'oiseaux dans le monde. Les scientifiques les classent en trente groupes différents, des ordres basés sur des traits communs caractéristiques. Les plus grands ordres regroupent des milliers d'oiseaux, les plus petits n'en comptent pas dix. Sur cette double page, tu vas découvrir douze des ordres les plus importants. Chacun est désigné par deux noms : son nom scientifique, et son nom usuel.

OISEAU	NOM DU GROUPE	NOMBRE D'ESPÈCES	CARACTÉRISTIQUES	EXEMPLES
 **Héron**	HÉRONS ET CIGOGNES **Ciconiiformes**	119	Grands oiseaux à longues pattes et long bec, se nourrissant dans l'eau ou à proximité, mais perchant dans les arbres.	Héron cendré Cigogne blanche
 **Canard**	CANARDS, OIES ET CYGNES **Ansériformes**	149	Oiseaux aquatiques à bec large, aplati et à pieds palmés. Bons nageurs, certains excellent aussi dans le vol.	Cygne tuberculé Colvert
 **Aigle**	OISEAUX DE PROIE **Falconiformes**	307	Oiseaux de proie à bec crochu et pattes puissantes dotées de serres. Nombreux sont ceux qui guettent leur proie en s'élevant haut dans le ciel.	Aigle royal doré, Crécerelle
 **Poulet**	GIBIER À PLUMES **Galliformes**	281	Gros oiseaux terrestres à petite tête et ailes arrondies. Ils fuient le danger en courant et non en s'envolant.	Poule, Faisan
 **Mouette**	ÉCHASSIERS, MOUETTES ET STERNES **Charadriiformes**	343	Oiseaux se nourrissant sur les plages ou les lieux humides dans les terres. Certains pêchent ; les échassiers fouillent la ligne de marée haute.	Courlis, Goéland argenté

OISEAU	NOM DU GROUPE	NOMBRE D'ESPÈCES	CARACTÉRISTIQUES	EXEMPLES
 **Pigeon**	PIGEONS ET COLOMBES **Columbiformes**	309	Gros oiseaux à petite tête qui dodelinent d'avant en arrière quand ils marchent. Bien qu'ils mangent au sol, les pigeons sont dotés d'ailes puissantes pour voler.	Pigeon de ville, Géopélie diamant
 **Perroquet**	PERROQUETS **Psittaciformes**	353	Oiseaux colorés et souvent bruyants, à bec crochu et pieds charnus. Bons grimpeurs, ils se nourrissent souvent dans les arbres.	Cockatiel, Loriquet à tête bleue
 **Chouette**	CHOUETTES **Strigiformes**	205	Oiseaux de proie chassant la nuit grâce à leur vue perçante et à leur ouïe fine. Le plumage de la chouette lui permet de se camoufler de jour.	Hulotte, Chat-huant
 **Colibri**	COLIBRIS ET MARTINETS **Apodiformes**	424	Leurs ailes minces et rigides les prédisposent au vol. Les colibris se nourrissent de nectar, les martinets d'insectes attrapés au vol.	Colibri à gorge rubis, Martinet
 **Martin-pêcheur**	MARTINS-PÊCHEURS, GUÊPIERS ET APPARENTÉS **Coraciiformes**	191	Oiseaux à grand bec et corps compact qui fondent sur leurs proies. Les martins-pêcheurs pour saisir des poissons, les guêpiers des insectes.	Martin-pêcheur, Guêpier
 **Pic**	PICS ET APPARENTÉS **Piciformes**	380	Bons grimpeurs grâce à leurs pieds puissants, ils passent le plus clair de leur temps dans les arbres. Les pics forent les troncs pour trouver à manger, et faire leur nid.	Pic épeiche, Pic maculé
 **Grive**	OISEAUX CHANTEURS **Passériformes**	plus de 5 000	Riche ordre d'oiseaux qui chantent très fort… bien que souvent de petite taille.	Roitelet, Mésange bleue, Cardinal, Moineau domestique

Glossaire

Albinos
Oiseau au plumage taché de blanc au lieu de sa couleur habituelle.

Ara
Le plus grand des perroquets. On en compte plus de dix espèces. Nombre d'entre eux sont en danger, car vendus comme animaux de compagnie.

Camouflage
Couleurs ou motifs du plumage permettant à l'oiseau de se fondre dans le décor.

Chouette
Prédateur nocturne. Contrairement aux oiseaux de proie, elle voit et entend très bien la nuit.

Colibri
Petit oiseau butinant les fleurs en vol stationnaire. Ne vit que sur le continent américain.

Colombe
Proche parent du pigeon. Certaines se nourrissent de fruits dans les arbres, d'autres de graines sur le sol.

Colonie
Vaste groupe d'oiseaux nichant ensemble.

Cormoran
Oiseau chassant sous l'eau.

Coucou
Oiseau migrateur, dont la femelle pond ses œufs dans le nid d'autres oiseaux.

Crécerelle
Petit oiseau de proie repérant sa nourriture (petits mammifères et insectes) en planant haut dans le ciel.

Duvet
Plumes tenant chaud à l'oiseau. Épais chez l'oisillon, surtout dans les régions froides.

Engoulevent
Oiseau nocturne attrapant des insectes au vol. Sa grande bouche lui sert d'aspirateur.

Espèce
Type particulier d'oiseau. On recense environ 9 500 espèces d'oiseaux, très répandues pour certaines, d'autres plus localisées.

Étourneau
Oiseau bruyant, à bec pointu, vivant en troupe.

Extinction
Disparition complète d'une espèce. De nombreux oiseaux en sont menacés, car l'homme les chasse ou détruit leur habitat.

Fou de Bassan
Grand oiseau marin qui pêche en plongeant dans l'eau depuis de grandes hauteurs. Son visage est protégé contre l'impact avec l'eau.

Geai
Membre bigarré de la famille du corbeau. Vit dans les bois et les forêts. Stocke des noix sous terre pour l'hiver.

Grèbe
Oiseau vivant en eau douce et sur les littoraux. Ses pieds, situés en arrière de son corps, rendent sa démarche quelque peu gauche.

Grive
Oiseau se nourrissant au sol, d'escargots et de vers. Son chant est souvent mélodieux.

Habitat
Type d'environnement dans lequel vit un oiseau (prairies, déserts, forêts, côtes, pleine mer).

Hirondelle
Oiseau migrateur à queue fourchue se nourrissant d'insectes saisis au vol. Niche souvent près des maisons.

Lisser les plumes
Opération visant à entretenir le plumage, au moyen du bec, voire des pieds.

Martinet
Oiseau migrateur à ailes en forme de croissant, se nourrissant d'insectes. Certains saisissent leur nourriture au vol et dorment en volant.

Martin-pêcheur
Oiseau coloré qui fond sur sa proie (poissons, mais aussi animaux terrestres).

Méliphage
Oiseau se nourrissant de nectar et passant le plus clair de son temps dans les arbres (Australie, Nouvelle-Zélande, îles du Pacifique).

Mergule
Type de canard à bec fin passant la tête sous l'eau pour pêcher.